中国概况
CHINA
COUNTRY PROFILE

主编 吴鼎民 曹 兰

江苏凤凰教育出版社 凤凰职教

图书在版编目（CIP）数据

中国概况=China: Country Profile / 吴鼎民, 曹兰主编. — 南京：江苏凤凰教育出版社, 2019.9

ISBN 978-7-5499-6781-0

Ⅰ.①中… Ⅱ.①吴…②曹… Ⅲ.①中国 – 概况 Ⅳ.①K92

中国版本图书馆CIP数据核字(2019)第029406号

书　　名	中国概况
	China: Country Profile
主　　编	吴鼎民　曹　兰
编写人员	张军华　徐　萍　肖桂兰　汪小祥　吴　艳
责任编辑	高　燕
出版发行	江苏凤凰教育出版社
地　　址	南京市湖南路1号A楼，邮编：210009
出　　品	江苏凤凰职业教育图书有限公司
网　　址	http://www.ppve.cn
排　　版	江苏凤凰制版有限公司
印　　刷	合肥精艺印刷有限公司
厂　　址	安徽省合肥市北二环双七路799号，邮编：230011
电　　话	0551-65540000
开　　本	787毫米×1 092毫米　1/16
印　　张	11.5
版　　次	2019年9月第1版　2019年9月第1次印刷
标准书号	ISBN 978-7-5499-6781-0
定　　价	48.00元
批发电话	025-83658830
盗版举报	025-83658873

图书若有印装错误可向江苏凤凰职业教育图书有限公司调换
提供盗版线索者给予重奖

前　言

目前，高等院校全日制来华留学生规模迅速扩大，"一带一路"沿线国家成为招收留学生的主要生源地和境外办学的主要聚集地。《中国概况》作为来华留学生的必修课程，对助力留学生的汉语语言和中国文化的学习与了解有着极其重要的作用。

以往的同类教材偏重综合性大学本科及以上层次来华留学生的学习，而本书适用于职业院校及应用型本科院校留学生学习，也同样适用于高等职业院校在海外开设的鲁班工坊、丝路学院等学生的学习，同时，还可以作为高等院校学生的通识类课程教材。

本书编写准备之初，基于对以往同类经典教材的认真对比和分析，博采众长，结合学情，确立目标，形成了16课。每课含基本信息、拓展信息以及课后练习等三大部分。所有主题力求展示当代中国在文化、教育、生活等方面的状况，内容简明扼要，重点突出，避开系统详述，配全彩插图。建议学时32。

为贴近本书学习对象的语言基础，本书在以下方面做了重点努力：

1. 汉、英双语，配有拼音，图文并茂，纲要醒目，方便师生；

2. 信息广泛充足，篇幅短小精悍，内容鲜活生动，文字言简意赅；

3. 教学资源丰富，配套多媒体课件和微课视频。

初次尝试适用于高等职业院校及应用型本科院校留学生的该类教材，经验不足，疏漏之处难免，希望能借此抛砖引玉，欢迎各位同行批评指正！

本书编写组

使用说明

  本书由 16 课组成，每课由若干个英汉对照的段落组成，围绕一个中心话题展开，并配有三种练习形式。

  （一）填空题。用英文阐述文中重要的信息、词汇等，要求在文中找到正确的答案，补全句子。

  （二）词汇匹配题。分别用汉语和英语列出重要的词汇（主要来自"学汉字"板块），要求将二者进行连线匹配。

  （三）文化思考题。题目内容基于本单元话题，包含一定的跨文化对此研究。这样做，一是想通过中外文化的比较加深学生对文化差异的认识，二是为了鼓励学生进一步阅读课外书或上网搜索相关资料，积极主动地进行探究式学习。做这项练习建议以小组为单位，学生可以分工协作，自行创新设计，呈现的形式可以多样化。如果能制作成 PPT 作品在课堂上进行交流汇报，效果会更好。

  本书提供练习题参考答案、PPT 课件和微课资源。下载方法：进入"凤凰职教"官网（http://www.ppve.cn），点击根目录下的"数字资源"，在搜索栏输入"中国概况"，即可找到该书相关资源，点击下载即可。

  欢迎使用本书的教师和学生提出宝贵的意见和建议，以便再版时进一步充实和完善。

本书编写组

Contents 目 录

Lesson 1

China: Geography and Species

1.1 Land Area of China

Located in East Asia, on the western shore of the Pacific Ocean, China is the world's largest country in population and the third largest in area, next only to Russia and Canada. About a fifth of the world's people live in China. China has vast territory, including some of the world's driest deserts and highest mountains, as well as some of the richest farmland. China's total land area is 9.6 million square kilometers, slightly smaller than that of Europe.

zhōng guó de guó tǔ
中国的国土

xué hàn zì
学汉字
Character Learning

zhōng guó
中国 China
yà zhōu
亚洲 Asia

zhōng guó wèi yú yà zhōu dōng bù   tài píng yáng xī àn   shì shì
中国位于亚洲东部，太平洋西岸，是世
jiè shang rén kǒu zuì duō de guó jiā   shì jiè shang dà yuē wǔ fēn zhī yī
界上人口最多的国家，世界上大约五分之一
de rén shēng huó zài zhōng guó   zhōng guó yōng yǒu guǎng kuò de lǐng tǔ
的人生活在中国。中国拥有广阔的领土，

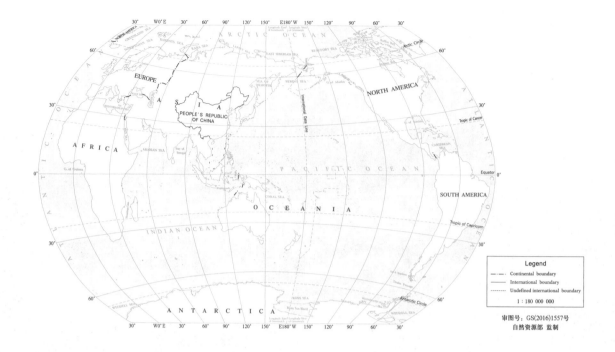

zǒng miàn jī wéi　　　wàn píng fāng gōng lǐ　　lüè xiǎo yú ōu zhōu　　zhōng guó shì shì jiè dì sān dà guó jiā
总 面 积 为 960 万 平 方 公 里 , 略 小 于 欧 洲 。中 国 是 世 界 第 三 大 国 家 ,
guó tǔ miàn jī jǐn cì yú é luó sī hé jiā ná dà　　zhōng guó yǒu zuì gān hàn de shā mò hé zuì gāo de shān
国 土 面 积 仅 次 于 俄 罗 斯 和 加 拿 大 。中 国 有 最 干 旱 的 沙 漠 和 最 高 的 山
mài　hái yǒu zuì fù ráo de nóng tián
脉 , 还 有 最 富 饶 的 农 田 。

1.2 Maritime Area of China

China's mainland coastline measures approximately 18,000 kilometer, with many excellent docks and harbors. The Chinese mainland is flanked to the east and south by the Bohai, Yellow, East China and South China seas, with a total maritime area of 4.73 million sq kilometers. A total of 5,400 islands dot China's territorial waters. The largest of these, with an area of about 36,000 sq kilometers, is Taiwan, followed by Hainan with an area of 34,000 sq kilometers.

zhōng guó de hǎi àn xiàn
中 国 的 海 岸 线

xué hàn zì
学 汉 字
Character Learning

huáng hǎi
黄 海 Yellow sea
dōng hǎi
东 海 East China sea

zhōng guó dà lù hǎi àn xiàn cháng yuē　　　　gōng lǐ
中 国 大 陆 海 岸 线 长 约 18,000 公 里 ,
yōng yǒu xǔ duō yōu liáng de mǎ tóu hé gǎng kǒu　zhōng guó dà lù
拥 有 许 多 优 良 的 码 头 和 港 口 。中 国 大 陆
de dōng nán bù yǒu bó hǎi　huáng hǎi　dōng hǎi hé nán hǎi　hǎi
的 东 南 部 有 渤 海 、黄 海 、东 海 和 南 海 , 海
yù zǒng miàn jī　　wàn píng fāng gōng lǐ　zhōng guó de lǐng hǎi
域 总 面 积 473 万 平 方 公 里 。中 国 的 领 海

gòng yǒu　　　　　gè dǎo yǔ　　tái wān dǎo miàn jī zuì dà　　miàn jī yuē　　　　　píng fāng gōng lǐ　qí cì

共 有 5,400 个 岛 屿。台 湾 岛 面 积 最 大，面 积 约 36,000 平 方 公 里，其 次

shì hǎi nán dǎo miàn jī　　　píng fāng gōng lǐ

是 海 南 岛，面 积 34,000 平 方 公 里。

1.3 Land Form

Taking a bird's-eye view of China, the terrain gradually descends from west to east like a four-step staircase. The Qinghai-Tibet Plateau is the top of the "staircase," averaging more than 4,000 metres above sea level, and called "the roof of the world." Soaring 8,844.43 metres above sea level on the plateau is Mount Qomolangma, the world's highest peak and the main peak of the Himalayas.

dì mào

地貌

cóng kōng zhōng niǎo kàn　zhōng guó dì xíng zhú jiàn cóng xī xiàng dōng xià jiàng　jiù xiàng yí gè sì bù lóu

从 空 中 鸟 瞰，中 国 地 形 逐 渐 从 西 向 东 下 降，就 像 一 个 四 步 楼

tī　qīng zàng gāo yuán shì　lóu tī　de dǐng bù

梯。青 藏 高 原 是"楼 梯"的 顶 部，

píng jūn hǎi bá chāo guò　　　mǐ　bèi chēng wéi

平 均 海 拔 超 过 4,000 米，被 称 为

shì jiè wū jǐ　　hǎi bá　　　　　mǐ de

"世 界 屋 脊"。海 拔 8,844.43 米 的

zhū mù lǎng mǎ fēng shì xǐ mǎ lā yǎ shān mài de zhǔ

珠 穆 朗 玛 峰 是 喜 马 拉 雅 山 脉 的 主

fēng　tā yě shì shì jiè zuì gāo fēng

峰，它 也 是 世 界 最 高 峰。

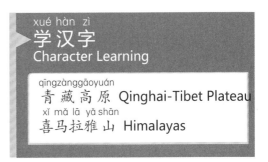

xué hàn zì

学汉字
Character Learning

qīng zàng gāo yuán

青藏高原 Qinghai-Tibet Plateau
xǐ mǎ lā yǎ shān

喜马拉雅山 Himalayas

1.4 Rivers and Lakes

China abounds in rivers. More than 1,500 rivers each drain 1,000 sq kilometers or larger areas. The Yangtze River, 6,300 km long, is the longest river in China, and the third largest in the world, next only to the Nile in Africa and the Amazon in South America. The Yellow River is the second longest in China with a length of 5,464 km. The Yellow River valley was one of the birthplaces of ancient Chinese civilization. The Pearl River, 2,214 km long, is a large river in south China. The river links Guangzhou to Hong Kong and the South China Sea, and is one of China's most important waterways and one of the centers of its world trade.

hé liú hé hú pō

河流和湖泊

zhōng guó hé liú fēng fù　　yǒu　　　　duō tiáo hé liú de liú yù dá dào huò chāo guò　　　píng fāng

中 国 河 流 丰 富。有 1,500 多 条 河 流 的 流 域 达 到 或 超 过 1,000 平 方

gōng lǐ　cháng jiāng quán cháng　　　　gōng lǐ　shì zhōng guó zuì dà de hé liú　yě shì shì jiè dì sān dà

公 里。长 江 全 长 6,300 公 里，是 中 国 最 大 的 河 流，也 是 世 界 第 三 大

hé liú　jǐn cì yú fēi zhōu de ní luó hé hé nán měi de yà mǎ xùn hé　huáng hé shì zhōng guó dì èr dà

河 流，仅 次 于 非 洲 的 尼 罗 河 和 南 美 的 亚 马 逊 河。黄 河 是 中 国 第 二 大

河流，长 5,464 公里。黄河流域是中国古代文明的发祥地之一。

珠江长 2,214 公里，是中国南方的一条大河。这条河连接广州到香港和中国南海，是中国最重要的水道之一，也是世界贸易中心之一。

In addition to those bestowed by nature, China has a famous man-made river, the Grand Canal, running from Beijing in the north to Hangzhou in in the south. Work first began on the Grand Canal as early as in the fifth century A.D. It links five major rivers: the Haihe, Yellow, Huaihe, Yangtze and Qiantang. With a total length of 1,801 km, the Grand Canal is the longest as well as the oldest man-made waterway in the world.

除了大自然赋予的那些河流，中国还有一条著名的人造河——大运河，从北面的北京到南面的杭州。大运河早在公元五世纪就开始开凿，将海河、黄河、淮河、长江和钱塘五条主要河流连接起来。大运河全长 1,801 公里，是世界上最长、最古老的人造水道。

China's territory includes numerous lakes. Freshwater lakes such as Poyang, Dongting, Taihu, Hongze, and Chaohu mostly lie on the middle-lower Yangtze

the Grand Canal

Plain, while the saltwater lakes are found on the Qinghai-Tibet Plateau, such as Qinghai Lake, the largest of its kind.

zhōng guó yǒu zhòng duō de hú pō   pó yáng hú   dòng tíng hú   tài hú   hóng zé hú   cháo hú děng
中 国 有 众 多 的 湖 泊。鄱 阳 湖、洞 庭 湖、太 湖、洪 泽 湖、巢 湖 等

dànshuǐ hú pō zhǔ yào wèi yú chángjiāngzhōng xià yóu   ér qīngzàng gāoyuánshang de qīng hǎi hú shì zuì dà de
淡 水 湖 泊 主 要 位 于 长 江 中 下 游,而 青 藏 高 原 上 的 青 海 湖 是 最 大 的

xiánshuǐ hú
咸 水 湖。

Panda

1.5 Wild Animals

China is one of the countries with the greatest diversity of wildlife in the world. Wildlife peculiar to China includes such well-known animals as the giant panda, golden-haired monkey, South China tiger, white-lipped deer, takin, brown-eared pheasant, white-flag dolphin, Chinese alligator and red-crowned crane, totaling more than 100 species.

yě shēng dòng wù
野 生 动 物

zhōng guó shì shì jiè shang yě shēng dòng wù
中 国 是 世 界 上 野 生 动 物

zhǒng lèi zuì duō de guó jiā zhī yī   zhōng guó tè
种 类 最 多 的 国 家 之 一。 中 国 特

yǒu de yě shēngdòng wù bāo kuò dà xióngmāo   jīn sī
有 的 野 生 动 物 包 括 大 熊 猫、金 丝

hóu   huánán hǔ   bái chún lù   líng niú   hè ěr zhì
猴、华 南 虎、白 唇 鹿、羚 牛、褐 耳 雉、

bái qí hǎi tún   yáng zǐ è hé dān dǐng hè děng zhī
白 旗 海 豚、扬 子 鳄 和 丹 顶 鹤 等 知

míngdòng wù   zǒng jì chāoguò   zhǒng
名 动 物,总 计 超 过100 种。

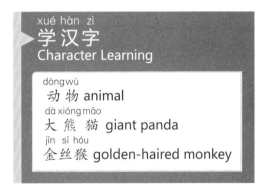

xué hàn zì
学汉字
Character Learning

dòngwù
动 物 animal
dà xióng māo
大 熊 猫 giant panda
jīn sī hóu
金 丝 猴 golden-haired monkey

1.6 Plants

China is one of the countries with the most abundant plant life in the world. A flower indigenous to China, the elegant and graceful peony, is treasured as the National Flower and the King of Flowers.

zhí wù
植 物

zhōng guó shì shì jiè shang zhí wù   zuì fēng fù de guó
中 国 是 世 界 上 植 物 资 源 最 丰 富 的 国

jiā zhī yī   yuánchǎn yú zhōngguó   diǎn yǎ dà fang de mǔ dan huā
家 之 一。 原 产 于 中 国、典 雅 大 方 的 牡 丹 花

bèi tuī chóng wéi   huāzhōng zhī wáng
被 推 崇 为"花 中 之 王"。

xué hàn zì
学汉字
Character Learning

zhí wù
植物 plant
mǔdanhuā
牡 丹 花 peony

Climate of China

China is a country with a vast territory, complex topography and diverse climates. The climate of China is extremely diverse, subtropical in the south to subarctic in the north. Monsoon winds, caused by differences in the heat-absorbing capacity of the continent and the ocean, dominate the climate. Tremendous differences in latitude, longitude, and altitude give rise to sharp variations in precipitation and temperature within China.

For example, the northern portions of Heilongjiang Province experience an average January mean temperature of below 0 °C, and the reading may drop to –30 °C; the average July mean in the same area may exceed 20 °C. By contrast, the central and southern parts of Guangdong Province experience an average January temperature of above 10 °C, while the July mean is about 28 °C. Because of its high elevation, the Qinghai-Tibet

Winter in Heilongjiang

Plateau is special alpine-cold zone with low temperatures all year round.

Generally, its southern part is warm, humid, and rainy; its northern part is dry and windy. In spring and autumn you will need a lined jacket or woolen sweater over light clothes. In summer cool cotton garments are recommended. In winter a light cotton-patted coat will keep you warm enough in the south. But in the north, a heavy woolen coat or down parka is a must. Later spring and late summer are often rainy especially in the southern part of China, so you would be wise to bring some rainwear with you.

zhōngguó de qì hòu
中国的气候

zhōng guó shì yí gè fú yuánliáokuò　dì xíng fù zá　qì hòu duō yàng de guó jiā　zhōng guó de qì hòu
中国是一个幅员辽阔、地形复杂、气候多样的国家。中国的气候

jí qí duōyànghuà　nán bù shǔ yà rè dài qì hòu　běi bù wèi yà běi jí qì hòu　yóu jì fēng yǐn qǐ de dà lù
极其多样化。南部属亚热带气候，北部为亚北极气候。由季风引起的大陆

hé hǎiyáng de xī rè néng lì chà yì yǐng xiǎng le qì hòu　wěi dù　jīng dù hé hǎi bá gāo dù de jù dà chā yì
和海洋的吸热能力差异影响了气候。纬度、经度和海拔高度的巨大差异

dǎo zhì zhōng guó de jiàng shuǐ hé wēn dù jí jù biànhuà
导致中国的降水和温度急剧变化。

lì rú hēilóng jiāngshěng běi bù yuèpíng jūn wēn dù dī yú zuì dī kě néng jiàng zhì líng xià
例如,黑龙江省北部,1月平均温度低于0°C,最低可能降至零下

tóng yí dì qū yuè píng jūn zhí kě néngchāoguò xiāng bǐ zhī xià guǎngdōngshěng de zhōng
30°C;同一地区7月平均值可能超过20°C。相比之下,广东省的中

bù hé nán bù dì qū yuèpíng jūn qì wēngāo yú ér yuè píng jūn qì wēnyuēwèi yóu yú hǎi
部和南部地区1月平均气温高于10°C,而7月平均气温约为28°C。由于海

bá jiàogāo qīng zàng gāoyuán shì yí gè tè shū de gāohán dì qū quánnián qì wēnjiào dī
拔较高,青藏高原是一个特殊的高寒地区,全年气温较低。

yì bān lái shuō nánfāng wēn nuǎn cháo shī duō yǔ běi fāng gān zào duō fēng zài chūn jì hé
一般来说,南方温暖、潮湿、多雨,北方干燥多风。在春季和

qiū jì nǐ xū yàochuān yí jiànyǒuchèn lǐ de jiā kè huòmáo yī ér bú shìqīng biàndān yī zài xià jì
秋季,你需要穿一件有衬里的夹克或毛衣,而不是轻便单衣。在夏季,

jiàn yì nǐ chuān liáng shuǎng de mián zhì fú zhuāng dōng jì zài nán fāng chuān qīngbáo de mián yī jiù
建议你穿凉爽的棉质服装。冬季在南方,穿轻薄的棉衣就

néng bǎo nuǎn dàn zài běi fāng bì xū chuānzhehòuzhòng de mián máo dà yī chūnmò xià mòchángcháng xià
能保暖;但在北方,必须穿着厚重的棉毛大衣。春末夏末常常下

yǔ tè bié shì zài zhōng guónánfāng suǒ yǐ nǐ zuìhǎo suíshēn xié dài yǔ jù
雨,特别是在中国南方,所以你最好随身携带雨具。

EXERCISES

I Fill in the blanks.

1. _____ has the world's biggest population.

2. The largest island in China is _____.

3. The _____, 6,300 km long, is the largest river in China, and the third largest in the world.

4. The _____ is the second longest river in China with a length of 5,464 km. The Yellow River valley was one of the birthplaces of ancient Chinese civilization.

5. Mount _____ (8,844.43 m) is the world's highest peak and the main peak of the Himalayas.

6. Taking a bird's-eye view of China, the terrain gradually descends from west to east like a _____ staircase.

7. _____ is a large river in south China. The river links Guangzhou to Hong Kong and the South China Sea.

8. China has a famous man-made river, _____, running from Beijing in the north to Hangzhou in Zhejiang Province in the south. It is the longest as well as the oldest man-made waterway in the world.

9. Many rare species of wildlife are found only in China, including the _____ _____, golden-haired monkey, white-lipped deer, takin, Chinese alligator, etc.

10. The elegant and graceful _____ is treasured as the King of Flowers.

Ⅱ Match the two columns.

1. 植物	A. plant
2. 青藏高原	B. Giant Panda
3. 牡丹花	C. lake
4. 珠江	D. Beijing
5. 北京	E. the Yangtze River
6. 长江	F. the Pearl River
7. 湖泊	G. peony
8. 大熊猫	H. Qinghai-Tibet Plateau

Ⅲ Answer the following questions.

1. Please briefly describe the topography of China.

2. In terms of the climate, what do you think is the main difference between Northern China and Southern China?

Lesson 2

The People's Republic of China

2.1 The PRC and Its Capital

The People's Republic of China (PRC), founded in 1949, is a socialist republic with over 1.3 billion people, approximately one-fifth of the world's population. The PRC's capital is Beijing.

zhōng huá rén mín gòng hé guó jí qí shǒu dū
中 华 人 民 共 和 国 及 其 首 都

zhōng huá rén mín gòng hé guó chéng lì yú   nián shì
中 华 人 民 共 和 国 成 立 于 1949 年 , 是

yí gè yōng yǒu   duō yì rén kǒu de shè huì zhǔ yì gòng hé guó
一 个 拥 有 13 多 亿 人 口 的 社 会 主 义 共 和 国 ,

yuē zhàn shì jiè rén kǒu de wǔ fēn zhī yì   zhōng huá rén mín gòng hé
约 占 世 界 人 口 的 五 分 之 一 。 中 华 人 民 共 和

guó de shǒu dū shì běi jīng
国 的 首 都 是 北 京 。

xué hàn zì
学 汉 字
Character Learning

zhōng guó
中 国 China
rén mín
人 民 people
shǒu dū
首 都 capital

2.2 National Flag

The National flag of China has bright red base with five golden stars adorning it on the upper left side corner. The star on the left is larger than the other four, and it represents the Communist Party of China. The other four represents billions of

The National Flag of China

Chinese people. The bright red color represents the communist revolution led by the Communist Party of China. The whole flag means Chinese people can overcome all the difficulties, defeat all the enemies and invaders and succeed in all the revolutions and constructions under the leadership of the Communist Party of China.

guó qí
国旗

zhōng guó guó qí de dǐ sè shì xiān yàn de hóng sè zuǒ shàng jiǎo yǒu wǔ kē jīn sè de xīng xing zuǒ
中国国旗的底色是鲜艳的红色，左上角有五颗金色的星星。左

biān de xīng xing bǐ qí tā sì kē dà dài biǎo le zhōng guó gòng chǎn dǎng qí tā sì kē dài biǎo le yì wàn
边的星星比其他四颗大，代表了中国共产党。其他四颗代表了亿万

zhōng guó rén xiān hóng de yán sè dài biǎo zhe zhōng guó gòng chǎn
中国人。鲜红的颜色代表着中国共产

dǎng lǐng dǎo de gòng chǎn zhǔ yì gé mìng zhěng miàn qí zhì de
党领导的共产主义革命。整面旗帜的

hán yì shì zhōng guó rén mín kě yǐ kè fú yí qiè kùn nán dǎ
含义是：中国人民可以克服一切困难，打

bài suǒ yǒu dí rén hé qīn lüè zhě bìng zài zhōng guó gòng chǎn dǎng
败所有敌人和侵略者，并在中国共产党

lǐng dǎo xià qǔ dé yí qiè gé mìng hé jiàn shè de chéng gōng
领导下，取得一切革命和建设的成功。

xué hàn zi
学汉字
Character Learning

guó qí
国旗 the national flag
hóng sè
红色 red

2.3 National Anthem

March of the Volunteers, written in 1935, with lyrics by the poet Tian Han and music by the composer Nie Er, honors those who went to the front to fight the Japanese invaders in northeast China in the 1930s.

guó gē
国歌

yì yǒng jūn jìn xíng qǔ xiě yú nián shī rén tián hàn zuò cí zuò qǔ jiā niè ěr zuò qǔ jì niàn
义勇军进行曲写于1935年，诗人田汉作词，作曲家聂耳作曲，纪念

shì jì nián dài qián wǎng zhōng guó dōng běi kàng jī rì běn qīn lüè zhě de yì yǒng jūn zhàn shì men
20世纪30年代前往中国东北抗击日本侵略者的义勇军战士们。

March of the Volunteers

yì yǒng jūn jìn xíng qǔ
义 勇 军 进行曲

Arise, ye who refuse to be slaves!

qǐ lai   bú yuàn zuò nú lì de rénmen
起来！不 愿 做 奴隶 的 人们！

Let us amount our flesh and blood towards our new Great Wall!

bǎ wǒmen de xuè ròu   zhùchéng wǒmen xīn de chángchéng
把我们的血肉，筑 成 我们 新 的 长 城！

The Chinese nation faces its greatest peril,

zhōnghuámín zú dào le zuì wēixiǎn de shí hou
中 华民 族 到 了 最 危险 的 时候，

The thundering roar of our peoples will be heard!

měi ge rén bèi pò zhe fā chū zuì hòu de hǒushēng
每个人被迫着发出最后的吼声！

Arise! Arise! Arise!

qǐ lai   qǐ lai   qǐ lai
起来！起来！起来！

We are many, but our hearts beat as one!

wǒmenwànzhòng yì xīn
我们万 众 一心，

Selflessly braving the enemy's gunfire, march on!

mào zhe dí rén de pàohuǒ qián jìn
冒着敌人的炮火，前进！

Selflessly braving the enemy's gunfire, march on!

mào zhe dí rén de pàohuǒ qián jìn
冒着敌人的炮火，前进！

March on! March on! on!

qián jìn   qián jìn   jìn
前进！前进！进！

 ## National Holidays

fǎ dìng jié jià rì
法 定 节假 日

National Day

Chinese celebrate October 1 as National Day in honor of the founding of the People's Republic of China on October 1, 1949.

guóqìng jié
国庆节

zhōng huá rén míngòng hé guóchéng lì yú   nián   yuè   rì   wèi jì niàn zhè ge rì zi   zhōng
中 华人民共 和 国 成 立于1949年10月1日，为纪念这个日子，中

guó rén bǎ　　yuè　　rì dìng wéi guóqìng jié
国人把10月1日定为国庆节。

Other National Holidays

Spring Festival is the celebration of Chinese New Year, generally between the last 10-day period of January and mid-February. International Labor Day is on May 1. Major holidays in China are occasions for family reunions and travelling.

qí tā fǎ dìng jià rì
其他法定假日

zhōng guó chūn jié jí nóng lì xīn nián yì bān zài yuè de zuì hòu tiān hé yuè zhōng xún zhī
中国春节，即农历新年，一般在1月的最后10天和2月中旬之
jiān yuè rì shì guó jì láo dòng jié zài zhè xiē zhòng dà jié rì lǐ zhōngguó rén huì jǔ bàn jiā tíng jù
间，5月1日是国际劳动节。在这些重大节日里，中国人会举办家庭聚
huì hé wài chū lǚ xíng
会和外出旅行。

In December 2007, the Chinese government made an announcement to make Qingming Festival (Tomb-Sweeping Day), the Dragon-Boat Festival and the Mid-Autumn Festival legal holidays. The New Year Day, Qingming Festival, Dragon-Boat Festival, International Labor Day, and Mid-Autumn Day then become holidays of one day each. The Spring Festival holiday and National Day holiday remain three-day holidays.

nián yuè zhōng guózhèng fǔ xuān bù qīngmíng jié duān wǔ jié hé zhōng qiū jié wèi fǎ dìng
2007年12月，中国政府宣布清明节、端午节和中秋节为法定
jià rì yuán dàn xīn nián qīngmíng jié duān wǔ jié wǔ yī jié hé zhōng qiū jié dōu shì yì tiān jià qī
假日。元旦新年、清明节、端午节、五一节和中秋节都是一天假期。
chūn jié hé guóqìng jié réng wéi sān tiān jià qī
春节和国庆节仍为三天假期。

xué hàn zì
学汉字
Character Learning

guóqìng jié
国庆节 National Day
chūn jié
春节 Spring Festival
zhōng qiū jié
中秋节 Mid-Autumn Festival
yuán dàn
元旦 The New Year Day

There are some additional public holidays for specific social groups, such as International Women's Day (March 8), Youth Day (May 4), Children's Day (June 1), and Army Day (August 1).

cǐ wài hái yǒu yì xiē wèi tè dìngshè huì tuán tǐ
此外，还有一些为特定社会团体
shè lì de jià rì rú sān bā guó jì fù nǚ jié wǔ sì
设立的假日，如三八国际妇女节、五四
qīngnián jié liù yī ér tóng jié hé bā yī jiàn jūn jié
青年节、六一儿童节和八一建军节。

2.5 Leadership and Authority

lǐngdǎo hé quán lì jī gòu
领导和权力机构

National People's Congress

The National People's Congress (NPC) of the People's Republic of China is the highest organ of state power.

quán guó rén mín dài biǎo dà huì
全国人民代表大会

zhōng huá rén mín gòng hé guó quán guó rén mín dài biǎo dà huì shì guó jiā zuì gāo quán lì jī guān
中华人民共和国全国人民代表大会是国家最高权力机关。

Presidency

The President of the People's Republic of China is the Head of State, as well as the supreme representative of China both internally and externally.

zhǔ xí
主席

zhōng huá rén mín gòng hé guó zhǔ xí shì guó jiā yuán shǒu yě shì zhōng guó nèi wài de zuì gāo dài biǎo
中华人民共和国主席是国家元首，也是中国内外的最高代表。

State Council

The State Council of the People's Republic of China, namely the Central People's Government, is the highest executive organ of State power, as well as the highest organ of the State administration.

guó wù yuàn
国务院

zhōng huá rén mín gòng hé guó guó wù yuàn jí zhōng yāng rén mín zhèng fǔ shì guó jiā zuì gāo xíng zhèng jī
中华人民共和国国务院，即中央人民政府，是国家最高行政机

guān yě shì guó jiā zuì gāo xíng zhèng dān wèi
关，也是国家最高行政单位。

Communist Party of China

The Communist Party of China (CPC) is the party in power in the country.

zhōng guó gòng chǎn dǎng
中国共产党

zhōng guó gòng chǎn dǎng shì zhōng guó de zhí zhèng dǎng
中国共产党是中国的执政党。

Multi-party Cooperation and Political Consultative System

Apart from the Communist Party of China (CPC), there are eight democratic parties in China. Multi-party cooperation and political consultation under the leadership of the CPC is the basic political system in China.

duō dǎng hé zuò yǔ zhèng zhì xié shāng zhì dù
多党合作与政治协商制度

chú le zhōng guó gòng chǎn dǎng zhī wài zhōng guó gòng yǒu bā
除了中国共产党之外，中国共有八

gè mín zhǔ dǎng pài zhōng guó gòng chǎn dǎng lǐng dǎo de duō dǎng hé
个民主党派。中国共产党领导的多党合

zuò hé zhèng zhì xié shāng shì zhōng guó de jī běn zhèng zhì zhì dù
作和政治协商是中国的基本政治制度。

xué hàn zì
学汉字
Character Learning

zhǔ xí
主席 chairman
zhōng guó gòng chǎn dǎng
中国共产党
Communist Party of China

Administrative Division System

China's administrative units are currently based on a three-tier system, dividing the nation into provinces, counties and townships. The country is divided into provinces, autonomous regions and municipalities directly under the Central Government.

A province or an autonomous region is subdivided into autonomous prefectures, counties, autonomous counties and/or cities. A county or an autonomous county is subdivided into townships, ethnic townships and/or towns.

Municipalities directly under the Central Government and large cities are subdivided into districts and counties; autonomous prefectures are subdivided into counties, autonomous counties and cities. Autonomous regions, autonomous prefectures and autonomous counties are all ethnic autonomous areas. The Constitution specifically empowers the state to establish special administrative regions when necessary. A special administrative region is a local administrative area directly under the Central Government.

China is made up of 23 provinces, five autonomous regions, four municipalities directly under the Central Government, and the special administrative regions of Hong Kong and Macao.

行 政 区 划

中国的行政单位目前以三级制为基础,分为省、县和乡镇。

全国分为省、自治区和直辖市。

省或自治区划分为自治州、县、自治县和/或市。县或自治县在中央政府下直接分为乡镇、民族乡和/或镇。

中央直辖市和大城市分为区县;自治州分为县、自治县和城市。自治区,自治州和自治县都是民族自治地方。宪法明确授权国家在必要时建立特别行政区。特别行政区是中央直属的地方行政区。

图　例

★　北京　　　首都
○　天津　　　省级行政中心
───────未定── 国界
───────── 省、自治区、
　　　　　　直辖市界
─ ─ ─ ─ ─ 特别行政区界

1：30 000 000

审图号：GS(2016)2888号
自然资源部 监制

zhōng guó yóu　　　gè shěng　　gè zì zhì qū　　gè zhí xiá shì hé gǎng ào tè bié xíng zhèng qū zǔ
中 国 由 23 个 省 、5 个 自 治 区 、4 个 直 辖 市 和 港 澳 特 别 行 政 区 组
chéng　　jiàn xià biǎo
成 （ 见 下 表 ）。

Provinces (省)				
Anhui（安徽）	Hainan（海南）	Hunan（湖南）	Qinghai（青海）	Taiwan（台湾）
Fujian（福建）	Hebei（河北）	Jiangsu（江苏）	Shaanxi（陕西）	Yunnan（云南）
Gansu（甘肃）	Heilongjiang	Jiangxi（江西）	Shandong（山东）	Zhejiang（浙江）
Guangdong（广东）	（黑龙江）	Jilin（吉林）	Shanxi（山西）	
	Henan（河南）	Liaoning（辽宁）	Sichuan（四川）	
Guizhou（贵州）	Hubei（湖北）			

Autonomous regions （自治区）	Municipalities （直辖市）	Special Administrative Regions （特别行政区）
Guangxi（广西壮族自治区）	Beijing（北京）	Hong Kong（香港特别行政区）
Inner Mongolia（内蒙古自治区）	Chongqing（重庆）	Macao（澳门特别行政区）
Ningxia（宁夏回族自治区）	Shanghai（上海）	
Xinjiang（新疆维吾尔自治区）	Tianjin（天津）	
Tibet（西藏自治区）		

EXERCISES

Ⅰ **Fill in the blanks.**

1. The People's Republic of China (PRC), founded in _____, is a socialist republic with over 1.3 billion people, approximately _____ of the world's population.

2. The Chinese set _____ as National Day.

3. The national anthem of China is _____ written in _____.

4. The _____ (NPC) of the People's Republic of China is the highest organ of state power.

5. The _____ of the People's Republic of China is the Head of State, as well as the supreme representative of China both internally and externally.

6. The _____ of the People's Republic of China, namely the Central

People's Government, is the highest executive organ of State power, as well as the highest organ of State administration.

7. The _____ (CPC) is the party in power in the country.

8. Apart from the Communist Party of China (CPC), there are eight _____ in China. _____ and _____ under the leadership of the CPC is the basic political system in China.

9. China is made up of _____ provinces, _____ autonomous regions, _____ municipalities directly under the Central Government, and the special administrative regions of _____ and _____.

Ⅱ Match the two columns.

1. 首都	A. holiday
2. 国旗	B. Jiangsu
3. 假日	C. Spring Festival
4. 新年	D. Chairman
5. 主席	E. State Council
6. 中国共产党	F. New Year
7. 江苏	G. capital
8. 春节	H. national flag
9. 国务院	I. Communist Party of China

Ⅲ Answer the following questions.

1. When did your country establish the diplomatic relations with People's Republic of China?

2. Can you compare the administrative division systems between your country and China?

Lesson 3

China's Ethnic Groups and the Languages

3.1 China's Ethnic Groups

There are altogether 56 ethnic groups in China. The defining elements of an ethnic group are language, homeland, and social values. 53 ethnic groups use spoken languages of their own, and 23 ethnic groups have their own written languages.

zhōng guó de mín zú
中国的民族

zhōng guógòng yǒu　　　gè mín zú　zú qúnhuà fēn de zhǔ yào
中国共有56个民族。族群划分的主要
yī jù shì yǔ yán　jū zhù dì hé guān niàn xí sú　qí zhōng yǒu
依据是语言、居住地和观念习俗。其中有
gè mín zú shǐ yòng zì jǐ de kǒu yǔ　　gè yǒu běn mín zú
53个民族使用自己的口语，23个有本民族
de shūmiàn yǔ yán
的书面语言。

3.2 The Chinese Nation

According to the sixth national census taken in 2010, the Han people made up 91.51% of the country's total population, totaling 1225.9 million; and the other 55 ethnic groups, 8.49 percent, totaling 113.79 million. As the majority of the population is of the Han ethnic group, the other 55 ethnic groups are customarily referred to as the national minorities. The "Chinese nation" (Zhonghua Minzu) is used to describe a notion of a Chinese nationality that transcends ethnic divisions.

zhōnghuá mín zú
中 华 民 族

gēn jù　　　　nián dì liù cì quán guó rén kǒu pǔ chá　hàn zú rén kǒu zhàn quán guó zǒng rén kǒu de
根据2010年第六次全国人口普查，汉族人口占全国总人口的

zǒng rén kǒu wéi　　　　　yì　 qí
91.51%，总人口为12.259亿；其

tā　　gè mín zú rén kǒu zhàn　　　　zǒng jì
他55个民族人口占8.49%，总计

wàn　　yóu yú dà bù fen rén kǒu shǔ yú
11,379万。由于大部分人口属于

hàn zú　　qí tā　　　gè mín zú tōng cháng bèi chēng
汉族，其他55个民族通常被称

wéi shǎo shù mín zú　　　zhōnghuá mín zú　　yì cí bāo
为少数民族。"中华民族"一词包

kuò le zhōng guó　　　gè mín zú
括了中国56个民族。

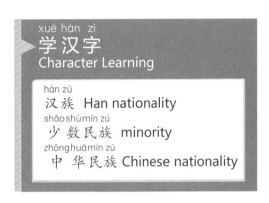

xué hàn zì
学 汉 字
Character Learning

hàn zú
汉族 Han nationality
shǎo shù mín zú
少数民族 minority
zhōnghuá mín zú
中 华 民 族 Chinese nationality

3.3 Ethnic Population Distribution

The Han people are found in all parts of the country, but mainly in the middle and lower reaches of the Yellow River, the Yangtze River, and the Pearl River as well as the Songliao Plains.

mín zú rén kǒu fēn bù
民 族 人 口 分 布

hàn zú rén kǒu biàn bù quán guó gè dì　　zhǔ yào fēn bù zài huáng hé
汉族人口遍布全国各地，主要分布在黄河

zhōng xià yóu　cháng jiāng hé zhū jiāng liú yù　　yǐ jí sōng liáo píng yuán
中下游、长江和珠江流域，以及松辽平原。

The national minorities, though fewer in number, are also scattered over a vast area, mainly distributed in the border regions from northeast China to north, northwest and southwest China. The largest is the Zhuang ethnic group in southwestern China, which has a population of 18 million. And Yunnan Province, home to 25 ethnic groups, has the greatest diversity of minority people in China.

A Girl of Zhuang Nationality

少数民族虽然人口较少，但分布地区广泛，主要在中国东北的边境地区，北部，西北部和西南部。中国最大的少数民族是西南地区的壮族，人口达1,800万。云南省是中国少数民族最多的地方，有25个少数民族居住。

3.4 Equality, Unity and Common Prosperity

Equality, unity and common prosperity are the fundamental objectives of the government in handling the relations among ethnic groups. China exercises a policy of regional autonomy for various ethnic groups, allowing ethnic groups living in compact communities to establish self-government and direct their own affairs. In most of China's cities and county towns, two or more ethnic groups live together.

平等，团结，共同繁荣

平等、团结和共同繁荣是政府处理族群关系的根本目标。中国对各民族实行区域自治政策，允许少数民族积聚的地方建立自治政府，管理自己民族的事务。在中国的大多数城市和县城，都有两个或更多的民族共同生活。

3.5 Hanyu

The Han nationality has its own spoken and written language. The literal meaning of "Chinese" is "the language of the Han people." Similarly, the written text used by the Han people is called "Chinese characters." Chinese is the most commonly used language in China and one of the most commonly used languages in the world. The written language of the Han nationality has a history of more than 3,000 years and originated from carving symbols about 6,000 years ago.

汉语

汉族有自己的口语和书面语。"汉语"的字面意思就是"汉人的语言"。同样，汉人用的书面文字就叫"汉字"。汉语是中国最常用的语言，也是世界上最常用的语言之一。汉族的书面语言有3,000多年的历史，起源于大约6,000年前的雕刻符号。

The written symbols used in Chinese are called Chinese characters, and each Chinese character represents an idea or a thing. Spoken Chinese has many different dialects, but the written language is the same. No matter what dialects people speak, they can understand each other through Chinese characters.

汉语使用的书面符号叫汉字，每个汉字符号代表一个想法或事物。汉语的口语有许多不同方言，但书面语言相同，无论人们说什么方言，通过文字都能相互理解。

There are currently two standards for Chinese characters. One is the traditional system, still used in China's Hong Kong, Taiwan, and Macao. The other is the simplified system first introduced by the government of the People's Republic of China in the 1950s and finalized in 1986. The simplified system requires fewer strokes to write certain components and has fewer synonymous characters. Singapore, which has a large Chinese community, is the foreign country to recognize and officially adopt the simplified characters.

汉字有两种书写系统。一种是传统的繁体字，仍然在中国的香港、台湾和澳门地区使用。另一种是简化字书写系统，由中国政府于上世纪世纪50年代制定，并于1986年定稿。简化字书写笔画较少，同义字符也少。新加坡拥有庞大的华人社区，是中国以外承认并采用简体字的国家。

China's official spoken language is Putonghua. It is based on the northern dialect, which was declared the common language at the National Conference on Reform of the Chinese Written Language in 1955. Although people from different regions of China may not be able to understand each other's dialects, But they have no barriers to communicating in Putonghua.

中国的官方口语是普通话。它以北方方言为基础，在1955年全

guó hàn yǔ shū miàn yǔ yán gǎi gé dà huì shang bèi xuān bù wèi gòng tóng yǔ yán   jǐn guǎn lái zì zhōng guó bù
国汉语书面语言改革大会 上 被宣布为共同语言。尽管来自中国不
tóng dì qū de rén men kě néng wú fǎ lǐ jiě duì fāng de fāng yán   dàn tā men yòng pǔ tōng huà jiāo liú jiù méi
同地区的人们可能无法理解对方的方言，但他们用普通话交流就没
yǒu zhàng ài
有障碍。

The written language originally had no alphabet. Since the early 1950s a system using the Latin alphabet, called Hanyu Pinyin, also known simply as Pinyin, has been developed in China. Pinyin is the official Mandarin romanization system for the People's Republic of China. Most of the spellings of Chinese sounds and names are based on the Pinyin system of romanization.

xué hàn zì
学汉字
Character Learning

hàn yǔ
汉语 Han language
hàn zì
汉字 Chinese character
fāng yán
方言 dialect

hàn yǔ shū miàn yǔ zuì chū méi you zì mǔ biǎo   zì
汉语书面语最初没有字母表。自20
shì jì   nián dài chū yǐ lái   zhōng guó kāi fā le yì zhǒng
世纪50年代初以来，中国开发了一种
shǐ yòng lā dīng zì mǔ de xì tǒng   chēng wéi   hàn yǔ pīn
使用拉丁字母的系统，称为"汉语拼
yīn   jiǎn chēng   pīn yīn   pīn yīn shì zhōng huá rén mín gòng
音"，简称"拼音"。拼音是中华人民共
hé guó guān fāng pǔ tōng huà de luó mǎ huà xì tǒng   dà duō shù
和国官方普通话的罗马化系统。大多数
zhōng wén shēng yīn hé míng chēng de pīn xiě dōu jī yú hàn yǔ
中文声音和名称的拼写都基于汉语
pīn yīn
拼音。

3.6 Languages of Ethnic Minorities in China

All China's 55 minority peoples have their own languages except the Hui and Manchu, who use Chinese. Currently, 23 of China's ethnic minorities have their own written language, including about 30 written forms.

zhōng guó shǎo shù mín zú yǔ yán
中国少数民族语言

zhōng guó de   gè shǎo shù mín zú chú le shǐ yòng hàn yǔ de huí zú hé mǎn zú wài dōu yǒu zì jǐ
中国的55个少数民族除了使用汉语的回族和满族外，都有自己
de yǔ yán mù qián zhōng guó de   gè shǎo shù mín zú yǒu zì jǐ de shū miàn yǔ yán bāo kuò yuē   zhǒng
的语言。目前，中国的23个少数民族有自己的书面语言，包括约30种
shū miàn xíng shì
书面形式。

China's more than 70 million minority members have their own spoken languages, which include Mongolian, Tibetan, Miao, Dai, Uygur, and Kazakh. Formerly, many of the minority languages did not have a written form; the Chinese government has encouraged the development of written scripts for these languages.

zhōng guó yǒu   duō wàn shǎo shù mín zú chéng yuán yōng yǒu zì jǐ de kǒu yǔ   bāo kuò měng gǔ
中国有7,000多万少数民族成 员拥有自己的口语，包括蒙古

yǔ zàng yǔ miáo yǔ dǎi yǔ wéi wú ěr yǔ hé hā sà kè yǔ děng yǐ qián xǔ duō shǎo shù mín zú
语、藏 语、苗 语、傣 语、维 吾 尔 语和哈 萨 克 语 等 。以 前 ，许 多 少 数 民 族
yǔ yán méi yǒu shū miànxíng shì zhōng guó zhèng fǔ gǔ lì kāi fā zhè xiē yǔ yán de shū miànxíng shì
语 言 没 有 书 面 形 式，中 国 政 府 鼓 励 开 发 这 些 语 言 的 书 面 形 式 。

The ethnic minorities who now had a written language began bilingual education from primary schools to higher education. Classes in schools in predominantly national minority areas are taught in the local language, using local language textbooks. The Mandarin-based dialect is taught in schools, usually as a second language, and knowledge of it is requisite throughout China. There are more and more Chinese who are bilingual in their native dialects and Putonghua. Many ethnic minorities have newspapers and magazines written in their own language.

xiàn zài yōng yǒu wén zì de shǎo shù mín zú cóng xiǎo xué dào dà xué jiē shòu shuāng yǔ jiào yù zài
现 在 ，拥 有 文 字 的 少 数 民 族 从 小 学 到 大 学 接 受 双 语教 育 。在
yǐ shǎo shù mín zú wèi zhǔ de dì qū xué xiàoyòngdāng dì yǔ yánshòu kè shǐ yòngdāng dì yǔ yánbiān xiě
以 少 数 民 族 为 主 的 地 区 ，学 校 用 当 地 语 言 授 课 ，使 用 当 地 语 言 编 写
de jiào cái pǔ tōnghuàtōngcháng zuò wéi dì èr yǔ yán zài xué xiào lǐ jiào shòu zài quánzhōng guó gè dì
的 教 材 。普 通 话 通 常 作 为 第 二 语 言 在 学 校 里 教 授 。在 全 中 国 各 地 ，
rén men dōu bì xū zhǎng wò pǔ tōnghuà yuè lái yuè duō de zhōng guó rénchéngwéishuāng yǔ shǐ yòng zhě tā
人 们 都 必 须 掌 握 普 通 话 。越 来 越 多 的 中 国 人 成 为 双 语使 用 者 ，他
men jì huì shuō zì jǐ de fāng yán yě huì shuō pǔ tōnghuà xǔ duō shǎo shù mín zú dōu yǒuyòng zì jǐ yǔ
们 既 会 说 自 己 的 方 言 ，也 会 说 普 通 话 。许 多 少 数 民 族 都 有 用 自 己 语
yán xiě de bào zhǐ hé zá zhì
言 写 的 报 纸 和 杂 志 。

3.7 Dialects

There are seven major Chinese dialects. Putonghua is based on the predominant Northern dialect, which is spoken by over 70 percent of the population. Putonghua is taught in all school and is the medium of government. Within these dialect groups, there are many subgroups, many of which are mutually unintelligible. Putonghua dialects are remarkably constant with people living hundreds of kilometers away from each other able to communicate intelligibly. In Fujian, people living ten kilometers away from each other can be speaking unintelligible variations of Min dialect.

fāng yán
方言

zhōng guó yǒu qī zhǒngzhǔ yào fāng yán pǔ tōnghuà yǐ zhàn zhǔ dǎo dì wèi de běi fāng fāng yán wèi jī
中 国 有 七 种 主 要 方 言 。普 通 话 以 占 主 导 地 位 的 北 方 方 言 为 基
chǔ yǒuchāoguò de rén kǒu shǐ yòng běi fāngfāng yán suǒ yǒu xué xiào dōu jiāo pǔ tōnghuà pǔ tōnghuà
础 ，有 超 过 70%的 人 口 使 用 北 方 方 言 。所 有 学 校 都 教 普 通 话 ，普 通 话
yě shì zhèng fǔ de zhǔ yào méi jiè yòng yǔ zài fāng yánzhōng hái yǒu fēn zhī fāng yán qí zhōng xǔ duō shì
也 是 政 府 的 主 要 媒 介 用 语 。在 方 言 中 ，还 有 分 支 方 言 ，其 中 许 多 是
xiāng hù wú fǎ tīngdǒng de pǔ tōnghuà jù yǒu fēi chángwěndìng de hù tōngxìng rén menxiāng jù shù bǎi
相 互 无 法 听 懂 的 。普 通 话 具 有 非 常 稳 定 的 互 通 性 ，人 们 相 距 数 百

gōng lǐ yě néng gòu qīng xī de gōu tōng zài fú jiàn xiāng jù shù shí gōng lǐ fāng yuán nèi rén men wǎng wǎng huì
公里，也能够清晰地沟通。在福建，相距数十公里方圆内，人们往往会
shuō wán quán bù tóng de mǐn nán fāng yán
说完全不同的闽南方言。

Additional Information

Seven Major Dialects

Putonghua is the mother dialect of Chinese living in Northern China and Sichuan Province. It is the basis for the official spoken language of Chinese in the People's Republic of China, which is called "Guoyu" in Hong Kong, Macao and Taiwan of China.

Wu is spoken in the Provinces of Jiangsu and Zhejiang.

Hakka/Kejia is spoken by the Hakka people in Southern China. Despite being a southern dialect, Hakka was the result of northern immigration.

Min is spoken in the Provinces of Fujian and Taiwan, the Philippines, and Southeast Asia.

Cantonese is spoken in Guangdong, Hong Kong, Macao and Taiwan in China, and all over Southeast Asia and by overseas Chinese.

Xiang is spoken in Hunan Province.

Gan is spoken in Jiangxi Province.

qī zhǒng zhǔ yào fāng yán
七 种 主要方言

pǔ tōng huà shì zhōng guó běi fāng rén hé sì chuān rén de mǔ yǔ tā shì zhōng huá rén mín gòng hé guó guān fāng
普通话是 中 国北方人和四 川 人的母语。它是 中 华人民共 和国官方
kǒu yǔ de jī chǔ zài zhōng guó de xiānggǎng ào mén hé tái wān dì qū bèi chēng wéi guó yǔ
口语的基础，在 中 国的香 港 、澳 门和台湾地区被 称 为"国语"。

wú yǔ zài jiāng sū shěng hé zhèjiāng shěng shǐ yòng
吴语在江苏 省 和浙江 省 使用。

zhōng guó nán fāng kè jiā rén shuō kè jiā huà kè jiā huà suī rán shì nán fāng fāng yán dàn què shì běi fāng yí
中 国南方客家人说客家话。客家话虽然是南方方言，但却是北方移
mín de jié guǒ
民的结果。

mǐn yǔ zài zhōng guó de fú jiàn shěng tái wān shěng yǐ jí fēi lǜ bīn hé dōng nán yà shǐ yòng
闽语在 中 国的福建 省 、台湾 省 ，以及菲律宾和东南亚使用。

guǎng dōng huà(yuè yǔ zài zhōng guó de guǎng dōng xiānggǎng ào mén tái wān shǐ yòng hái zài dōng nán
广 东 话(粤语)在 中 国的广 东 、香 港 、澳门、台湾使用，还在东南
yà jí yì xiē hǎi wài huá rén zhōng shǐ yòng
亚及一些海外华人 中 使用。

xiāng yǔ zài hú nán shěng shǐ yòng
湘语在湖南 省 使用。

gān gàn yǔ zài jiāng xī shěng shǐ yòng
甘(赣)语在江西 省 使用。

EXERCISES

Ⅰ **Fill in the blanks.**

1. _____, _____, and_____ are the main elements to define an ethnic group.

2. The majority of the population in China is the _____, and the other 55 ethnic groups are customarily referred to as the national minorities.

3. The national minorities are mainly distributed in the border regions from ____ _____ China to north, _____ and _____ China.

4. The fundamental objectives of the Chines government in handling the relations between ethnic groups are _____, _____ and _____.

5. The written text used by the Han people is called "_____".

6. The written language of the Han nationality has a history of _____.

7. _____ has many different dialects, but the written language is the same.

8. Singapore is the foreign country to recognize and officially adopt _____.

9. _____ is based on the predominant Northern dialect, which is spoken by over 70% of the population.

10. People from different regions of China have no barriers to _____ in Putonghua.

Ⅱ **Match the two columns.**

1. 口语   A. northwest

2. 中华民族   B. dialects

3. 西北   C. spelling

4. 黄河   D. Yellow River

5. 自治   E. mandarin

6. 城市   F. Chinese character

7. 汉字   G. autonomy

8. 方言   H. Chinese nationality

9. 笔画   I. spoken language

10. 普通话   J. city

Ⅲ Answer the following questions.

1. How many ethnic groups are there in China? Which one has the largest population?

2. What is the Chinese official language?

3. How many Chinese dialects are there? How do people speaking different dialects communicate?

Lesson 4
China's Major Cities

According to the administrative divisions of the People's Republic of China, there are three levels of cities in China, namely provincial-level (consists of municipalities and Special Administrative Regions of china), prefecture-level cities, and country-level cities. The PRC has 4 municipalities (Beijing, Shanghai, Tianjin and Chongqing), 2 SARs (Hong Kong and Macao) and over 600 cities.

gēn jù zhōng huá rén mín gòng hé guó de xíng zhèng qū huà zhōng guó yǒu sān gè jí bié de chéng shì   jí shěng
根据 中 华 人 民 共 和 国 的 行 政 区 划 ，中 国 有 三 个 级 别 的 城 市 ，即 省

jí yóu zhí xiá shì hé tè bié xíng zhèng qū zǔ chéng   dì jí shì hé xiàn jí shì zhōng guó gòng yǒu gè zhí xiá
级（由直辖市和特别行 政 区组 成 ）、地级市和县级市。中 国 共有4个直辖

shì běi jīng shàng hǎi tiān jīn chóng qìng   gè tè bié xíng zhèng qū xiāng gǎng ào mén hé   duō gè
市（北京，上 海，天津，重 庆），2个特别行 政 区（ 香 港，澳门）和600多个

chéng shì
城 市。

In the course of city planning, China implements the principle of "strictly control over the size of large cities, rational development of medium-sized cities and active development of small cities." Medium-sized cities with populations of under 500,000 and small cities with populations fewer than 200,000 have grown rapidly since the 1980s and the large cities with populations of over one million have developed satellite cities and towns in a planned and positive way.

在 城 市 规 划 过 程 中，中 国 实 行 "严 格 控 制 大 城 市 规 模，合 理 开 发 中 等 城 市，积 极 发 展 小 城 市" 的 原 则。人 口 少 于 50万 的 中 等 城 市 和 人 口 少 于 20万 的 小 城 市 自 20世 纪 80年 代 以 来 迅 速 增 长，人 口 超 过 100万 的 大 城 市 以 有 计 划 和 积 极 的 方 式 发 展 了 卫 星 城 镇。

学汉字
Character Learning

城 市 city
人 口 population

4.1 Beijing: the Capital of China

Beijing (literally means "northern capital") is a municipality directly under the Central Government and the capital of the People's Republic of China. With a 3,000-year history, it has served as the capital of the country for more than 800 years.

北京—— 中国的首都

北京（字 面 意 思 是 "北 方 首 都"）是 中 央 政 府 的 直 辖 市，也 是 中 华 人 民 共 和 国 的 首 都。北 京 拥 有 3,000年 历 史，800多 年 来 一 直 是 中 国 的 首 都。

Nowadays Beijing is the second largest Chinese city by urban population after Shanghai and is the nation's political, cultural and educational center. It is home to the headquarters of most of China's largest state-owned companies, and is a major hub for the national highway, expressway, railway and high-speed rail networks. The Beijing Capital International Airport is the second busiest in the world by passenger traffic.

如 今，北 京 的 城 市 人 口 仅 次 于 上 海，是 中 国 的 第 二 大 城 市，也 是 中 国 的 政 治、文 化 和 教 育 中 心。中 国 最 大 的 国 有 企 业 的 总

bù dà duō shù shè zài běi jīng　　běi jīng yě
部大多数设在北京。北京也
shì guó dào gōng lù　　gāo sù gōng lù　　tiě
是国道公路、高速公路、铁
lù hé gāo sù tiě lù wǎng luò de zhǔ yào shū
路和高速铁路网络的主要枢
niǔ　　běi jīng shǒu dū guó jì　jī chǎng shì shì
纽。北京首都国际机场是世
jiè shang dì èr dà kè yùn liàng de jī chǎng
界上第二大客运量的机场。

Since it became the nation's capital in 1949, especially since the 1980s, the rapid urban development of Beijing has brought tremendous changes to the city's appearance. Beijing became the focus of world attention in 2008 when it hosted the Olympics. Beijing has been developed into a world-class metropolis in which the modern world blends harmoniously with the glories of the imperial past.

Tian'an Men Square in Beijing

zì　　　　　nián cheng wéi guó jiā shǒu
自1949年 成 为国家首
dū yǐ lái　yóu qí shì　　shì jì　nián dài
都以来,尤其是20世纪80年代
yǐ lái　běi jīng chéng shì de kuài sù　fā zhǎn gěi zhè zuò chéng shì dài lái le jù dà de biàn huà　　nián
以来,北京城市的快速发展给这座城市带来了巨大的变化。2008年
jǔ bàn ào yùn huì shí　běi jīng chéng wéi shì jiè zhǔ mù de jiāo diǎn　běi jīng yǐ jīng fā zhǎn chéng wéi yí gè
举办奥运会时,北京成为世界瞩目的焦点。北京已经发展成为一个
shì jiè jí de dà dū shì　xiàn dài yǔ gǔ dài de huī huáng hé xié de róng wéi yì tǐ
世界级的大都市,现代与古代的辉煌和谐地融为一体。

The city has many places of historic interest and architectural and scenic beauty. Beijing's travel industry has forged ahead greatly after China's economic reforms in 1978, and the city is now one of the most popular tourist destinations in the world.

běi jīng yǒu xǔ duō lì shǐ míng shèng gǔ jì　fēng jǐng yōu měi
北京有许多历史名胜古迹,风景优美。
nián zhōng guó jīng jì gǎi gé hòu　běi jīng de lǚ yóu yè kuài sù
1978年 中国经济改革后,北京的旅游业快速
fā zhǎn　xiàn zài yǐ chéng wéi shì jiè shang zuì shòu huān yíng de lǚ yóu
发展,现在已成为世界上最受欢迎的旅游
mù dì dì zhī yī
目的地之一。

xué hàn zì
学汉字
Character Learning

běi jīng
北京 Beijing
shǒu dū
首都 capital

4.2 Shanghai: the Largest City of China

Shanghai is the largest city in China, and one of the largest metropolitan areas in the world with over 20 million people. Located on China's central eastern coast at the mouth of the Yangtze River, the city is administered as a municipality of the People's Republic of China with province-level status. Shanghainese (Shanghai dialect) is a dialect of Wu Chinese spoken in the city of Shanghai, and the surrounding region.

shàng hǎi　　　 zhōng guó zuì dà de chéng shì
上 海—— 中 国最大的 城 市

shàng hǎi shì zhōng guó zuì dà de chéng shì　 yě shì shì jiè shang zuì dà de dū shì qū zhī yī　 yōng
上 海是 中 国最大的 城 市,也是世界上 最大的都市区之一, 拥

yǒu chāo guò　　　　 wàn rén kǒu　 gāi shì wèi yú zhōng guó zhōng dōng bù yán hǎi de cháng jiāng kǒu　 shì zhōng
有 超 过2,000万人口。该市位于 中 国 中 东部沿海的 长 江口,是中

huá rén mín gòng hé guó de yí gè shěng jí zhí xiá shì　 shàng hǎi huà shì shàng hǎi shì jí qí zhōu biān dì
华人民 共 和国的一个 省 级直辖市。上 海话是 上 海市及其周边地

qū de wú yǔ fāng yán
区的吴语方言。

Originally a fishing and textiles town, Shanghai grew to importance in the 19th century due to its favourable port location and as one of the cities opened to foreign trade. The city flourished as a center of commerce between east and west, and became a multinational hub of finance and business by the 1930s. Since the reform and opening-up in 1978, a favorable national policy, efficient administration, regular market mechanism and a large number of talents have come together to enhance by leaps and bounds the city's economic development. As an important comprehensive industrial base and port, Shanghai plays an essential role in the national economy. Major industries include metallurgy, machine-building, shipbuilding, chemicals, electronics, meters, textiles and other light industries, in addition to its highly developed commerce, banking and ocean shipping industry. The Pudong New Zone, separated from the old city by the Huangpu River, is now undergoing vigorous development and construction. The opening and development of the Pudong New Zone is intended to put it on a par with the world's best within several decades, as a modern, multi-functional, export-oriented district, thus laying the foundation for the transformation of Shanghai into an international economic, banking and trade center, and a modern international metropolis.

shàng hǎi zuì chū shì yí gè yú yè hé fǎng zhī chéng zhèn　 yóu yú yōu yuè de gǎng kǒu wèi zhi chéng wéi
上 海最初是一个渔业和纺织 城 镇,由于优越的港口位置 成 为

duì wài mào yì kāi fàng de chéng shì zhī yī　 gāi shì zuò wéi dōng xī fāng jiāo huì de shāng yè zhōng xīn ér péng
对外贸易开放的 城 市之一。该市作为东西方交汇的 商 业 中 心而蓬

bó fā zhǎn dào shì jì nián dài chéng wéi kuà guó jīn róng hé mào yì zhōng xīn zì nián gǎi
勃发展，到20世纪30年代成为跨国金融和贸易中心。自1978年改
gé kāi fàng yǐ lái píng jiè guó jiā de yōu huì zhèng cè gāo xiào guǎn lǐ zhèng guī shì chǎng jī zhì hé rén
革开放以来，凭借国家的优惠政策、高效管理、正规市场机制和人
cái yōu shì shí xiàn le chéng shì jīng jì de kuà yuè shì fā zhǎn shàng hǎi zuò wéi zhòng yào de zōng hé xìng
才优势，实现了城市经济的跨越式发展。上海作为重要的综合性
gōng yè jī dì hé gǎng kǒu zài guó mín jīng jì zhōng fā huī zhe zhòng yào zuò yòng zhǔ yào chǎn yè bāo kuò yě
工业基地和港口，在国民经济中发挥着重要作用。主要产业包括冶
jīn jī xiè zhì zào zào chuán huà gōng diàn zǐ yí biǎo fǎng zhī děng qīng gōng yè cǐ wài hái yǒu gāo
金、机械制造、造船、化工、电子、仪表、纺织等轻工业，此外还有高
dù fā dá de shāng yè yín háng hé hǎi yùn yè huáng pǔ jiāng xī àn shì shàng hǎi de lǎo chéng qū duì
度发达的商业、银行和海运业。黄浦江西岸是上海的老城区，对
àn de pǔ dōng xīn qū zhèng zài péng bó fā zhǎn hé jiàn shè zhōng zhǐ zài tōng guò jǐ shí nián de jiàn shè shǐ
岸的浦东新区正在蓬勃发展和建设中，旨在通过几十年的建设，使
qí chéng wéi shì jiè shang zuì hǎo de xiàn dài huà duō gōng néng yǐ chū kǒu wéi dǎo xiàng de qū yù cóng ér
其成为世界上最好的现代化、多功能、以出口为导向的区域，从而
wèi shàng hǎi zhuǎn biàn wéi guó jì jīng jì jīn róng hé mào yì zhōng xīn yǐ jí xiàn dài huà de guó jì dà dū
为上海转变为国际经济、金融和贸易中心，以及现代化的国际大都
shì diàn dìng jī chǔ
市奠定基础。

The city is a tourist destination renowned for its historical landmarks such as the Bund and City God Temple, its modern and ever-expanding Pudong skyline including the Oriental Pearl Tower, and its new reputation as a cosmopolitan center of culture and design. Today, Shanghai is the largest center of commerce and finance in Mainland China, and has been described as the "showpiece" of the world's fastest-growing major economy.

shàng hǎi shì yí gè lǚ yóu shèng dì zuì yǒu míng de lì shǐ de
上海是一个旅游胜地，最有名的历史地
biāo shì wài tān hé chéng huáng miào pǔ dōng de tiān jì xiàn bú duàn kuò
标是外滩和城隍庙。浦东的天际线不断扩
dà dōng fāng míng zhū tǎ děng xiàn dài huà jiàn zhù zuò wéi guó jì wén huà
大，东方明珠塔等现代化建筑作为国际文化
hé shè jì zhōng xīn wèi shàng hǎi yíng dé xīn shēng yù jīn tiān shàng
和设计中心为上海赢得新声誉。今天，上
hǎi shì zhōng guó dà lù zuì dà de shāng yè hé jīn róng zhōng xīn bèi
海是中国大陆最大的商业和金融中心，被
chēng wéi shì jiè shang jīng jì zēng zhǎng zuì kuài de yàng bǎn
称为世界上经济增长最快的样板。

xué hàn zì
学汉字
Character Learning

shàng hǎi
上海 Shanghai
jīn róng
金融 finance
wài tān
外滩 the Bund

 Guangzhou: China's South Gate

Guangzhou, often known as Canton, is the capital of southern China's Guangdong Province, and the center of its political, economic, scientific, educational and cultural life. It is called China's South Gate. Sui (Ears of Rice) is short for Guangzhou and the City of Ram is also an alias of Guangzhou. The dialect of Guangzhou is Cantonese.

广州——中国的南大门

广州，过去通常被称为Canton，是中国南方广东省的省会，也是该省的政治、经济、科学、教育和文化中心。广州被称为中国的南大门。广州简称为"穗"，别称"羊城"。广州的方言是广东话。

It is a port on the Pearl River, navigable to the South China Sea, and is located about 120 km (75 miles) northwest of Hong Kong. Guangzhou is the most populous city in the province and the third most populous metropolitan area in Mainland China. The population of Guangzhou is 14.9 million. Guangzhou's urban land area is the third largest in China, ranking only after Beijing and Shanghai.

广州是珠江上的一个港口城市，可通往中国南海，位于香港西北约120公里（75英里）处。广州是全省人口最多的城市，也是中国大陆人口第三大都市。广州人口数量为1,490万。广州的城市面积在中国排名第三，仅次于北京和上海。

The Canton Tower

Guangzhou's long-standing commercial and entrepreneurial spirit reemerged after the policies of the reform and opening-up in 1980's were put into effect. Along with nearby Special Economic Zones like Shenzhen, Guangzhou took advantage of its financial might and international experience of nearby Hong Kong, along with migrant labor force from the countryside, to become a leading industrial and manufacturing center in southern China. Guangzhou is well-known as the site of the biannual China Import and Export Commodities Fair, which attracts tens of thousands of traders from all over the world.

上世纪八十年代改革开放政策实施后，广州传统的商业和企业精神再次出现。除了深圳等附近的经济特区外，广州还利用香港的经济实力和国际经验，以及外来务工人员的劳动力，成为华

<ruby>南<rt>nán</rt></ruby><ruby>地<rt>dì</rt></ruby><ruby>区<rt>qū</rt></ruby><ruby>的<rt>de</rt></ruby><ruby>主<rt>zhǔ</rt></ruby><ruby>要<rt>yào</rt></ruby><ruby>工<rt>gōng</rt></ruby><ruby>业<rt>yè</rt></ruby><ruby>和<rt>hé</rt></ruby><ruby>制<rt>zhì</rt></ruby><ruby>造<rt>zào</rt></ruby><ruby>业<rt>yè</rt></ruby><ruby>中<rt>zhōng</rt></ruby><ruby>心<rt>xīn</rt></ruby>。<ruby>广<rt>guǎng</rt></ruby><ruby>州<rt>zhōu</rt></ruby><ruby>是<rt>shì</rt></ruby><ruby>一<rt>yì</rt></ruby><ruby>年<rt>nián</rt></ruby><ruby>两<rt>liǎng</rt></ruby><ruby>次<rt>cì</rt></ruby><ruby>的<rt>de</rt></ruby><ruby>中<rt>zhōng</rt></ruby><ruby>国<rt>guó</rt></ruby><ruby>进<rt>jìn</rt></ruby><ruby>出<rt>chū</rt></ruby><ruby>口<rt>kǒu</rt></ruby>

南地区的主要工业和制造业中心。广州是一年两次的中国进出口商品交易会的举办地,吸引了来自世界各地的数万名商人。

Guangzhou is famous as a hometown for overseas Chinese. It boasts the largest population of overseas Chinese people. These overseas Chinese do a great deal of good for Guangzhou: opening international markets, bridging Guangzhou and the rest of the world, and establishing many schools, hospitals, nurseries, kindergartens and rest homes in Guangzhou.

广州是著名的华侨之乡,拥有众多海外华人。这些海外华人为广州的发展提供了很多帮助:打开国际市场,把广州和世界各地连接起来,在广州建立了许多学校、医院、托儿所、幼儿园和休养所。

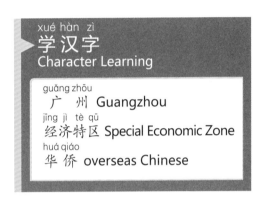

学汉字 xué hàn zì
Character Learning

广州 guǎng zhōu Guangzhou
经济特区 jīng jì tè qū Special Economic Zone
华侨 huá qiáo overseas Chinese

4.4 Hong Kong: a Model of "One Country, Two Systems"

Hong Kong is a Special Administrative Region of China since China resumed its sovereignty from the British Government on July 1, 1997. It is situated in the south of the Chinese mainland, neighboring Shenzhen City and 130 kilometers away from Guangzhou City of Guangdong Province. To the west, Hong Kong is separated by the Pearl River estuary, facing Macao and Zhuhai City; and to the east and south, it is overlooking the vast South China Sea.

香港——"一国两制"模式

1997年7月1日,香港回归祖国,中国政府恢复对香港行使主权,香港成为中国的一个特别行政区。香港位于中国大陆的南部,毗邻深圳市,距广州市130公里。香港的西面是珠江入海口,对面是澳门和珠海;东面和南面是广阔的中国南海。

Relying on such advantageous geographical position, Hong Kong has now developed into an

Flag of Hong Kong SAR

economic center in Asia. It is a global metropolitan and international financial centre, and has a highly developed capitalist economy. Under the "one country, two systems" policy and according to Basic Law, it has a "high degree of autonomy" in all areas except foreign affairs and defense, which are the responsibility of the PRC Central Government. Hong Kong maintains its own currency, legal system, political system, immigration control, rule of the road and other aspects that concern its way of life, many of which are distinct from Mainland China.

香港依托优越的地理位置，现已发展成为亚洲的经济中心。香港是一个全球性的大都市和国际金融中心，拥有高度发达的资本主义经济。根据"一国两制"的政策和"基本法"，除了外交和国防是中华人民共和国中央政府负责，在所有领域香港都"高度自治"。香港维持着自己的货币、法律制度、政治制度、移民管理、交通规则以及不变的生活方式，在很多方面与内地很不相同。

Renowned for its expansive skyline and deep natural harbour, its identity as a cosmopolitan centre where the East meets the West is reflected in its cuisine, cinema, music and traditions. The city's population is 95% Han ethnicity and 5% others. With a population of 7 million people and a land area of 1,054 sq kilometers, Hong Kong is one of the most densely populated areas in the world.

香港以其广阔的城市天际线和天然深水港而闻名于世，是一个国际化大都市。东方与西方文化的交融体现在美食、电影、音乐和传统习惯等方方面面。香港人口700多万，汉族占95%，其他占5%。土地面积1,054平方公里，是世界上人口最稠密的地区之一。

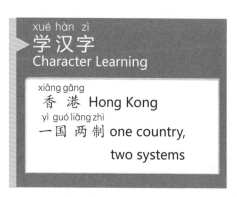

学汉字
Character Learning

xiāng gǎng
香港 Hong Kong
yì guó liǎng zhì
一国两制 one country,
two systems

Both Chinese and English are the languages used in Hong Kong. 88.7% of population speak Cantonese. Nowadays, Putonghua also plays a vital role in the numerous enterprises trading in Hong Kong or doing business with Mainland China and Taiwan.

香港使用中、英文两种语言。88.7%的人说广东话。如今，

pǔ tōng huà zài xiāng gǎng de shāng yè jīng yíng   huò yǔ nèi dì   jí tái wān de yè wù wǎng lái zhōng yě bàn yǎn
普 通 话 在 香 港 的 商 业 经 营 ,或 与 内 地 及 台 湾 的 业 务 往 来 中 也 扮 演

zhe zhòng yào jué sè
着 重 要 角 色 。

4.5 Macao: a Prosperous SAR

Macao is located on the Southeast coast of China to the west of the Pearl
River Delta. Bordering on Guangdong Province, it locates 60 km from Hong Kong
and 145 km from the city of Guangzhou. Colonized by the Portuguese in the 16th
century, Macao was the first European settlement in the Far East. Pursuant to an
agreement signed by China and Portugal on April 13, 1987, Macao was handed
back to China and became the Macao Special Administrative Region of China on
December 20, 1999.

ào mén   péng bó fā zhǎn de tè bié xíng zhèng qū
澳 门 —— 蓬 勃 发 展 的 特 别 行 政 区

ào mén wèi yú zhōng guó dōng nán yán hǎi   wèi yú zhū jiāng sān jiǎo zhōu xī bù   pí lín guǎng dōng
澳 门 位 于 中 国 东 南 沿 海 ,位 于 珠 江 三 角 洲 西 部 ,毗 邻 广 东

shěng   jù lí xiāng gǎng   gōng lǐ   jù guǎng zhōu shì   gōng lǐ   ào mén shì   shì jì pú táo yá
省 ,距 离 香 港 60公 里 ,距 广 州 市 145公 里 。澳 门 是 16世 纪 葡 萄 牙

rén de zhí mín dì   shì yuǎn dōng dì qū dì yī gè ōu zhōu rén dìng jū diǎn   gēn jù zhōng pú yú   nián
人 的 殖 民 地 ,是 远 东 地 区 第 一 个 欧 洲 人 定 居 点 。根 据 中 葡 于 1987年

yuè   rì qiān shǔ de xié yì   ào mén yú   nián   yuè   rì huí guī zǔ guó   chéng wéi zhōng guó
4月 13日 签 署 的 协 议 ,澳 门 于 1999年 12月 20日 回 归 祖 国 ,成 为 中 国

ào mén tè bié xíng zhèng qū
澳 门 特 别 行 政 区 。

Macao has thriving industries such as textiles, electronics and toys, and a
notable tourist industry, which makes it one of the richest cities in the world.

ào mén yǒng yǒu péng bó fā zhǎn de gōng yè   rú fǎng zhī   diàn zǐ hé wán jù   yě shì zhù míng de
澳 门 拥 有 蓬 勃 发 展 的 工 业 ,如 纺 织 、电 子 和 玩 具 ,也 是 著 名 的

lǚ yóu chéng shì   zhè shǐ tā chéng wéi shì jiè shang zuì fù yǒu de chéng shì zhī yī
旅 游 城 市 。这 使 它 成 为 世 界 上 最 富 有 的 城 市 之 一 。

Macao's total population is 0.63 million among which over 96% are Chinese,
the rest are mainly Portuguese. The language the Macao inhabitants use daily is mainly
Cantonese and the locally born Portuguese can speak fluent Cantonese. The languages
currently in use are the Chinese and the Portuguese languages. English language is also
used on many occasions.

ào mén zǒng rén kǒu wèi   wàn rén   qí zhōng   yǐ shàng
澳 门 总 人 口 为 63万 人 ,其 中 96%以 上

shì zhōng guó rén   qí yú zhǔ yào shì pú táo yá rén   ào mén jū mín rì
是 中 国 人 ,其 余 主 要 是 葡 萄 牙 人 。澳 门 居 民 日

cháng shǐ yòng de yǔ yán zhǔ yào shì guǎng dōng huà   dāng dì chū shēng de
常 使 用 的 语 言 主 要 是 广 东 话 ,当 地 出 生 的

pú táo yá rén kě yǐ shuō liú lì de guǎng dōng huà   mù qián shǐ yòng
葡 萄 牙 人 可 以 说 流 利 的 广 东 话 。目 前 使 用

> xué hàn zì
> 学 汉 字
> Character Learning
>
> ào mén
> 澳 门 Macao
> zhí mín dì
> 殖 民 地 colony

de yǔ yán shì zhōngwén hé pú táo yá yǔ　　yīng yǔ yě zài hěn duō chǎng hé shǐ yòng
的语言是中文和葡萄牙语。英语也在很多场合使用。

4.6 Shenzhen: One of the Fastest-growing Cities in the World

Shenzhen is a major city in Guangdong Province. It forms part of the Pearl River Delta megalopolis, bordering Hong Kong to the south. It holds sub-provincial administrative status, with powers slightly less than a province.

shēn zhèn　　　　　shì jiè shang fā zhǎn zuì kuài de chéng shì zhī yī
深 圳——世 界 上 发 展 最 快 的 城 市之一

shēnzhèn shì guǎng dōng shěng de yí gè zhǔ yào chéng shì　 shì zhū jiāng sān jiǎo zhōu tè dài chéng shì de
深 圳 是 广 东 省 的一个主要城市,是珠江三角洲特大城市的
yí bù fèn nán biān yǔ xiāng gǎng jiē rǎng　 shēn zhèn yōng yǒu fù shěng jí xíng zhèng dì wèi quán lì lüè dī
一部分,南边与香港接壤。深圳拥有副省级行政地位,权力略低
yú yí gè shěng
于一个省。

Shenzhen was one of the most fastest-growing cities in the world and has been ranked second on the list of Top 10 Cities to Visit in 2019 by *Lonely Planet*.

shēnzhèn shì shì jiè shang fā zhǎn zuì kuài de chéng shì zhī yī　 bìng qiě zài　　　　nián bèi　 gū dú
深 圳 是 世 界 上 发 展 最 快 的 城 市 之一,并且在2019年被《孤独
xīng qiú píngxuǎn wéi　 shí dà bì dào chéng shì
星 球》评选为"十大必到城市"。

Shenzhen hosts the headquarters of numerous multinational companies. Shenzhen ranks 12th in the 2018 Global Financial Centres Index. It has one of the busiest container ports in the world.

zhòng duō kuà guó gōng sī de zǒng bù dōu shè zài shēnzhèn　　　　　nián shēnzhèn zài quán qiú jīn róng
众 多跨国公司的总部都设在深圳。2018年,深圳在全球金融
zhōng xīn zhǐ shù zhōng pái míng dì　 wèi　 shēnzhèn jí zhuāng xiāng gǎng kǒu shì shì jiè shang zuì fán máng de
中 心 指 数 中 排 名 第12位。深圳集装箱港口是世界上最繁忙的
gǎng kǒu zhī yī
港口之一。

Shenzhen SEZ (Special Economic Zone) was one of the earliest SEZs to open to the outside world. The whole process of its foundation, development and final success shows its people's pioneering spirit and bold moves. And Shenzhen's success as a pilot city serves as a guide in China's reform and opening-up.

xué hàn zì
学汉字
Character Learning

shēnzhèn
深 圳 Shenzhen
guǎngdōngshěng
广 东 省
Guangdong Province
zhū jiāng sān jiǎo zhōu
珠江三角洲 the
Pearl River Delta

shēn zhèn jīng jì tè qū shì zuì zǎo duì wài kāi fàng de jīng
深 圳 经 济 特 区 是 最 早 对 外 开 放 的 经
jì tè qū zhī yī　 tā de jiàn lì 、 fā zhǎn hé zuì zhōng de chéng
济 特 区 之一。它的建立、发展和最终的成
gōng　 dōu tǐ xiàn le zhōng guó rén mín de kāi tuò jīng shén hé guǒ gǎn
功,都体现了中国人民的开拓精神和果敢
xíng dòng　 shēnzhèn zuò wéi shì diǎn chéng shì de chéng gōng jīng yàn
行 动。深圳作为试点城市的成功经验,
wèi zhōng guó gǎi gé kāi fàng tí gōng le yǒu yì de jiè jiàn
为 中 国 改 革 开 放 提 供 了 有 益 的 借 鉴。

Other Major Cities in China

Chongqing: the Largest Industrial Center in China

Also a municipality directly under the Central Government, Chongqing is the largest industrial and commercial center in southwest China, and a hub of land and water transportation in the upper Yangtze valley, with a total population of 31.02 million (2018). Chongqing is a comprehensive industrial city, with advanced iron and steel, chemicals, electric power, automobile manufacturing, machine-building, shipbuilding, construction materials, textiles, foodstuffs and pharmaceuticals industries.

Chongqing

Chongqing is one of the cities along the Yangtze River. And for travelers in Yangtze River Cruise, it is the place to get on / off the cruise ship.

Tianjin: Commercial and Shipping Centre in Northern China

Tianjin, one of the four municipalities directly under the Central Government in China, is one of the biggest industrial and port cities in China and it is also known as "the diamond of the Bohai Gulf ." Tianjin covers an area of 11,000 sq kilometers and has a population in excess of 15 million people.

Tianjin

Located on the lower reaches of Haihe River, the largest river in north China, Tianjin is the join point and the estuary of the 5 main tributaries of Haihe River. With the Opening and Reform policy pushing forward, Tianjin has developed rapidly and has become the shipping centre of Northern China.

Wuhan: a Major City in a Central China

Wuhan is the capital of Hubei province, and is the most populous city in Central

China. It lies in the eastern Jianghan Plain at the intersection of the middle reaches of the Yangtze and Han rivers. Arising out of the conglomeration of three cities, Wuchang, Hankou, and Hanyang, Wuhan is known as "Jiusheng Tongqu (the nine provinces' leading thoroughfare)"; it is a major transportation hub, with dozens of railways, roads and expressways passing through the city and connecting to other major cities.

Wuhan

Wuhan is rich in culture and history. The historic relics tell the city's long history dating back 3,500 years. For centuries, this city has been the center of trade and transportation in central China. Nowadays, it is an important hub in central China and a feature of Yangtze River cruises for sightseers and businessmen travelling.

Nanjing: Ancient Capital of Six Dynasties

Located in the lower Yangtze River drainage basin and the Yangtze Delta economic zone, Nanjing has always been one of China most important cities. It served as the capital of China during several historical periods and is listed as one of the

Nanjing

Four Great Ancient Capitals of China. Nanjing was the capital of the Republic of China before 1949. Apart from having been the capital of China for six dynasties and of the Republic of China, Nanjing has also served as a national hub of education, research, transportation and tourism throughout history. It hosted the 2014 Summer Youth Olympics.

Nanjing is the second largest commercial center in the East China region, after Shanghai. It also boasts many high-quality universities and research institutes, including Nanjing University which has a long history. The ratio of college students to total population ranks No.1 among large cities nationwide. Nanjing is one of the top three Chinese scientific research centers, according to the Nature Index, especially strong in the chemical sciences.

中国其他大城市

重庆 —— 中国最大的工业中心

重庆也是一个直辖市，是中国西南地区最大的工商业中心，长江上游水陆交通枢纽，总人口3,102万(2018年)。重庆是一座钢铁、化工、电力、汽车制造、机械制造、造船、建材、纺织、食品、医药等工业发达的综合性工业城市。

重庆是长江沿岸的城市之一。对于长江游轮的游客来说，重庆是上/下游轮的好地方。

天津 —— 中国北方的商业和航运中心

天津是中国四大直辖市之一，是中国最大的工业和港口城市之一，也被称为"渤海之钻"。天津面积11,000平方公里，人口1,500多万。

天津地处中国北方最大河流——海河的下游，是海河五大支流的交汇点和入海口。随着改革开放政策的推进，天津迅速发展，成为北方航运中心。

武汉 —— 中国中部的一个大城市

武汉是中国湖北省省会，是中国中部人口最多的城市。它位于江汉平原东部，长江和汉江中游交汇处。武汉是武昌、汉口、汉阳三市的集合体，被誉为"九城通衢"；它是一个重要的交通枢纽，有几十条铁路、公路和高速公路穿过城市并连接到其他主要城市。

武汉有丰富的文化和历史。这些历史遗迹讲述了这座城市可以追溯到3,500年前的悠久历史。几个世纪以来，这座城市一直是华中地区的贸易和交通中心。如今，它是中国中部的一个重要枢纽，也是观光客和商人旅游长江游轮的一个特色。

南京 —— 六朝古都
nán jīng liù cháo gǔ dōu

南京地处长江下游流域和长江三角洲经济区，一直是中国最重要的城市之一。它在几个历史时期都是中国的首都，被列为中国四大古都之一。1949年中国内战前，南京是中华民国的首都。南京不仅是六朝和民国时期的都城，而且在历史上一直是全国教育、研究、交通和旅游的中心。它主办了2014年夏季青年奥林匹克运动会。

南京是华东地区仅次于上海的第二大商业中心。它还拥有许多高质量的大学和研究机构，包括历史悠久的南京大学。大学生占总人口的比例居全国大城市首位。根据《自然指数》，南京是中国三大科研中心之一，在化学科学方面尤其强大。

EXERCISES

Ⅰ Fill in the blanks.

1. _____ is the capital of China.

2. _____ is the capital of southern China's Guangdong Province.

3. The largest city in China is _____.

4. The first Special Administrative Region of China is _____.

5. The fastest-growing city in Guangdong is _____.

6. The opening and development of the _____ is intended to make Shanghai a modern international metropolis.

7. _____ is the largest center of commerce and finance in Mainland China.

8. The dialect of Guangzhou is _____.

9. Hong Kong is a Special Administrative Region of China since China resumed its sovereignty from the _____ Government on July 1, 1997.

10. Under the " _____ " policy and according to

Basic Law, Hong Kong has a "high degree of autonomy" in all areas except foreign affairs and defense, which are the responsibility of the PRC Central Government.

Ⅱ Match the two columns.

1. 广东	A. Wuhan
2. 人口	B. Northern China
3. 南京	C. the Yangtze Delta
4. 澳门	D. population
5. 城市	E. Guangdong
6. 首都	F. Nanjing
7. 中国北方	G. city
8. 直辖市	H. Macao
9. 长江三角洲	I. capital
10. 武汉	J. municipality

Ⅲ Answer the following questions.

1. Which city (cities) in China have you been to?

2. Which city in China are you most interested in? Why?

3. What do you know about Beijing?

Lesson 5
Transportation

Transportation in the People's Republic of China has experienced major growth and expansion since 1949 and especially since the early 1980s. Airports, roads, and railway construction has provided a massive employment boost in China in the past few decades.

zì   nián yǐ lái   tè bié shì zì   shì jì   nián dài
自1949年以来,特别是自20世纪80年代

chū yǐ lái   zhōng huá rén míng òng hé guó de jiāo tōng yùn shū jīng lì le
初以来, 中华人民共和国的交通运输经历了

dà fú zēng zhǎng hé kuò zhāng   zài guò qu de jǐ shí nián lǐ   jǐ
大幅增长和扩张。在过去的几十年里,机

chǎng dào lù hé tiě lù jiàn shè wèi zhōng guó dài lái le jù dà de jiù
场、道路和铁路建设为中国带来了巨大的就

yè zēng zhǎng
业增长。

xué hàn zì
学汉字
Character Learning

jī chǎng
机场 airport
gōng lù
公路 road
tiě lù
铁路 railway

5.1 Highways

The building of highways is seen as key to accelerating infrastructure construction. In December 2004, the Ministry of Transport of the PRC unveiled the *National Expressway Network Plan*. The aim of the plan is an expressway system connecting all capitals of provinces and autonomous regions with Beijing and with each other, linking major cities and important counties. The network will have a total length of about 85,000 km, including seven originating in Beijing: the Beijing-Shanghai, Beijing-Taipei, Beijing-Hong Kong-Macao, Beijing-Kunming, Beijing-Lhasa, Beijing-Urumchi, and Beijing-Harbin expressways. On June 20, 2013, the Ministry of Transport announced the *National Expressway Network Plan (2013—2030)*. In the new plan, the national highway network was further improved, two north-south lines were added to the western areas of China, and the total planning mileage increased to 118,000 km.

A Highway That Crosses The Mountain

gāo sù gōng lù
高速公路

高速公路的建设被视为加速基础设施建设的关键。2004年12月，中华人民共和国交通部出台了《国家高速公路网规划》。该规划的目标是用高速公路把所有省和自治区首府，以及主要城市和重要的县与北京连接起来。公路网的总长度约为85,000公里，其中7条高速公路起自北京，包括北京至上海、北京至台北、北京至港澳、北京至昆明、北京至拉萨、北京至乌鲁木齐、北京至哈尔滨。2013年6月20日，交通运输部公布了《国家高速公路网规划(2013—2030)》。在新的规划里国家高速公路网进一步完善，在西部增加了两条南北纵线，规划总里程增加到了11.8万公里。

xué hàn zì
学汉字
Character Learning

gāo sù gōng lù
高速公路 highways
nóngcūn
农村 rural area

As of December 28, 2018, the total mileage of China's highway had reached 140,000 km, ranking first in the world.

截至2018年12月28日，中国高速公路总里程已达14万公里，位居全球第一。

Railways

Prior to 1950, there were only 21,800 km of railway lines. By the end of 2018, the railway network had been expanded to 131,000 km. Rail travel remained the most popular form of transport, although air travel has also experienced significant growth since the late 1990s. According to statistical data, from January to December 2018, the total number of passengers transported by National Railways reached 3.375 billion. In 2018, 4.022 billion tons of goods were delivered by railways across the country.

铁路

1950年之前，中国只有21,800公里的铁路线。至2018年底，全国铁路运营里程已超过13.1万公里。尽管自20世纪90年代末以来，航空旅行也经历了显著增长，但铁路旅行仍然是最受欢迎的交通方式。据统计数据显示，2018年1—12月国家铁路运输旅客发送量累计达33.75亿人。2018年全国铁路完成货物发送量达40.22亿吨。

On a global basis, China's rail transport volume is the largest in the world, having 6% of the world's operating railways, and carrying 25 percent of the world's total railway workload. China also leads in terms of the growth rate of transport volume and in the efficient use of transport equipment.

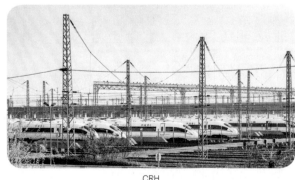

CRH

在全球范围内，中国的铁路运输量是世界上最大的，拥有世界上6%的铁路运营量，占全球铁路总工作量的25%。中国在运输量增长率和运输设备的有效利用方面也处于领先地位。

Qinghai-Tibet Railway, the highest railway in the world, was completed in 2006. The railway's highest point, the Tanggula Mountain Pass, is 5,072 m above sea level. More than 960 km, or over four-fifths of the railway, is at an altitude of more than 4,000 m, and over half of it was laid on frozen earth. Because of the high altitudes, carriages are supplied with supplemental oxygen.

青藏铁路是世界上海拔最高的铁路，于2006年竣工。铁路的最高点是唐古拉山口，海拔5,072米。其中960多公里海拔超过4,000米，占铁路总长度五分之四以上，这其中有一半以上建在冻土层上。由于海拔高，车厢提供氧气补充。

Qinghai-Tibet Railway

China Railway High-speed (CRH) is the high-speed rail system operated by China Railways. "Hexie" and "Fuxin" are the designation for high-speed trains running on this rail system. CRH was a major part of the sixth national railway speedup which was implemented on April 18, 2007. China Railway Corporation led the development of "Fuxing". It reaches the world advanced level and China has completely independent intellectual property rights. On December 9, 2018, "Fuxing" China Standard EMU project won the Fifth China Industrial Award. On December 24, 2018, a number of "Fuxing" new EMUs were unveiled for the first time.

中国高铁是中国铁路运营的高速铁路系统。"和谐号"和"复兴号"是在这种铁路系统上运行的高速列车的名称。从2007年4月18日起实施的第六次全国铁路提速，"和谐号"在其中发挥主要作用。"复兴号"动车组列车由中国铁路总公司牵头组织研制，具有完全自主知识产权，达到世界先进水平。2018年12月9日，"复兴号"动车组项目获第五届中国工业大奖。2018年12月24日，多款"复兴号"新型动车组首次公开亮相。

By the end of 2018, China's high-speed rail business mileage had reached more than 29,000 kilometers. It is the world's longest high-speed rail mileage.

According to the *Medium and Long-term Railway Network Plan*, by 2020, China's railway network will reach 150,000 kilometers, including 30,000 kilometers of high-speed rail.

到2018年底，中国的高铁运营里程达到了29,000多公里，是世界上最长的。根据《中长期铁路网规划》，到2020年，中国的铁路网将达到15万公里，其中包括3万公里的高铁。

According to different needs, China's high-speed trains have a speed of 160 kilometers, a speed of 250 kilometers per hour and a speed of 350 kilometers per hour. Train formations range from 8 to 17 vehicles. The railway equipment is independently developed and designed by China, and its technical performance has reached the world advanced level. In order to improve the quality of service, the railway department developed the 12306 network ticketing system. It is safer, more convenient and faster for passengers to use their mobile phones to purchase tickets online.

中国高铁列车根据不同的线路需要，有时速160公里、时速250公里和时速350公里三种。列车编组从8节到17节不等。这些铁路装备均由我国自主研发设计，技术性能达到世界先进水平。为了提升服务质量，铁路部门开发了12306网络售票系统。乘客用手机在网上购票更加安全、方便和快捷。

5.3 Ports

China is a big port country, and its port scale has ranked first in the world for many years. In 2018, there were 2007 berths of 10,000 tons and above in coastal ports, with a total cargo throughput of 9.463 billion tons and a container throughput of 222 million TEUs (Twenty-foot Equivalent Unit). Seven of the world's top ten ports belong to China, including Shanghai Port, the world's largest. The other six ports are Shenzhen Port, Ningbo Port, Victoria Port, Guangzhou Port, Qingdao Port and Tianjin Port.

gǎngkǒu
港口

zhōngguó shì gǎngkǒu dà guó　gǎngkǒu guī mó lián xù duō nián lái wěn jū shì jiè dì yī
中国是港口大国，港口规模连续多年来稳居世界第一。2018
nián yán hǎi gǎngkǒu wàndūn jí jí yǐ shàng bó wèi　　gè quánnián wánchéng huò wù tūn tǔ liàng
年，沿海港口万吨级及以上泊位2,007个，全年完成货物吞吐量
yì dūn　jí zhuāngxiāng tūn tǔ liàng　　yì biāo
94.63亿吨，集装箱吞吐量2.22亿标
zhǔnxiāng　shì jiè shí dà gǎngkǒuzhōngyǒu qī dà gǎngkǒushǔ
准箱。世界十大港口中有七大港口属
yú zhōngguó　qí zhōngbāokuò shì jiè dì yī dà gǎngkǒushàng
于中国，其中包括世界第一大港口上
hǎigǎng　qí tā liù dà gǎngkǒu shì　shēnzhèngǎng níng bō
海港，其他六大港口是：深圳港、宁波
gǎng　wéi duō lì yà gǎng　guǎngzhōugǎng　qīngdǎo gǎng hé
港、维多利亚港、广州港、青岛港和
tiān jīn gǎng
天津港。

xué hàn zì
学汉字
Character Learning

gǎng kǒu
港口 port
jí zhuāng xiāng
集装箱 container
huò wù
货物 cargo

Yangshan Deep Water Port in Shanghai

5.4 Waterways

China has more than 140,000 kilometers of navigable rivers, streams, lakes, and canals, and in 2018 these inland waterways carried nearly 3.743 trillion tons of freight and 89 million passengers.

shuǐdào
水道

zhōngguótōnghángde hé liú　xī liú　hú pō hé yùn hé chāoguò　wàngōng lǐ　　nián zhè
中国通航的河流、溪流、湖泊和运河超过14万公里。2018年，这
xiē nèi hé gǎngkǒu yùn shū huò wù　　wàn yì dūn hé lǚ kè　　yì rén cì
些内河港口运输货物37.43万亿吨和旅客0.89亿人次。

The main navigable rivers are the Heilong Jiang, Yangtze River, Xiang River, (a short branch of the Yangtze), Pearl River, Huangpu River, Lijiang River and Xi Jiang. Ships up to 10,000 tons can navigate more than 1,000 km on the Yangtze as far as Wuhan. Ships of 1,000 tons can navigate from Wuhan to Chongqing, another 1,286 km upstream.

zhǔ yào tōng háng hé liú shì hēi lóng jiāng cháng jiāng xiāng jiāng cháng jiāng de yì tiáo zhī liú   zhū
主要通航河流是黑龙江、长江、湘江（长江的一条支流）、珠

jiāng huáng pǔ jiāng lí jiāng hé xī jiāng wàn dūn de chuán bó kě yǐ zài cháng jiāng shang háng xíng
江、黄浦江、漓江和西江。万吨的船舶可以在长江上航行1000

duō gōng lǐ zhí zhì wǔ hàn qiān dūn de chuán bó kě yǐ cóng wǔ hàn dào chóng qìng wǎng shàng yóu zài háng
多公里，直至武汉。千吨的船舶可以从武汉到重庆，往上游再航

xíng   gōng lǐ
行1,286公里。

The Grand Canal is the world's longest canal at 1,794 km and serves 17
cities between Beijing and Hangzhou. It links
five major rivers: the Haihe, Huanghe, Huaihe,
Yangtze and Qiantang.

jīng háng dà yùn hé shì shì jiè shang zuì cháng de yùn hé
京杭大运河是世界上最长的运河，

quán cháng   gōng lǐ fú wù yú běi jīng hé háng zhōu zhī jiān
全长1,794公里，服务于北京和杭州之间

de   gè chéng shì   tā lián jiē wǔ tiáo zhǔ yào hé liú   hǎi hé
的17个城市。它连接五条主要河流：海河、

huáng hé huái hé cháng jiāng hé qián táng jiāng
黄河、淮河、长江和钱塘江。

5.5 Civil Aviation

China's civil aviation industry ranks first in the world. At present, there are 60
air transport companies in the civil aviation industry. The passenger throughput of
Capital Airport and the cargo and postal throughput of Pudong Airport rank second
and third in the world respectively. In 2017, CAAC contributed more than 25% to
world civil aviation growth and 55% to Asia-Pacific civil aviation growth. In 2018,
China's total number of civil flight routes reached 4,206, including 3,420 domestic
routes and 786 international routes. Among them, there are 167 new international
routes, involving 105 "Belt and road" national routes.

mín yòng háng kōng
民用航空

wǒ guó mín háng háng yè yùn háng guī mó jū shì jiè qián liè   dāng qián mín háng quán háng yè gòng yǒu
我国民航行业运行规模居世界前列。当前，民航全行业共有

háng kōng yùn shū gōng sī   jiā shǒu dū jǐ chǎng lǚ kè tūn tǔ liàng pǔ dōng jǐ chǎng huò yóu tūn tǔ liàng
航空运输公司60家，首都机场旅客吞吐量、浦东机场货邮吞吐量

fēn bié wèi jū quán qiú dì èr hé dì sān wèi   nián zhōng guó mín háng duì shì jiè mín háng zēng zhǎng
分别位居全球第二和第三位。2017年，中国民航对世界民航增长

gòng xiàn shuài chāo guò   duì yà tài mín háng zēng zhǎng gòng xiàn shuài chāo guò   nián wǒ
贡献率超过25%，对亚太民航增长贡献率超过55%。2018年，我

guó háng xiàn zǒng shù dá dào   tiáo qí zhōng guó nèi háng xiàn   tiáo guó jì háng xiàn   tiáo
国航线总数达到4,206条，其中国内航线3,420条，国际航线786条，

xīn bì guó jì háng xiàn   tiáo qí zhōng shè jí yí dài yí lù guó jiā háng xiàn   tiáo
新辟国际航线167条，其中涉及"一带一路"国家航线105条。

Civil Aviation Administration of of China, most widely recognized by the initials CAAC, was an administrative body that oversees civil aviation in Mainland China.

zhōng guó mín yòng háng kōng jú yīng wén suō xiě shì
中 国 民 用 航 空 局 英 文 缩 写 是 C A A C 。tā jiān dū zhōng guó dà lù de mín yòng它 监 督 中 国 大 陆 的 民 用
háng kōng
航 空 。

Air China (Chinese International Aviation Company) is the People's Republic of China's state-owned and second-largest commercial airline and is based in Beijing. It is china's sole flag carrier and the only airline to fly the PRC national flag on its entire fleet. Its logo is a phoenix in the form of the abbreviation VIP. Its main base is Beijing Capital International Airport. As of December 31, 2018, Air China has 684 aircraft of various types, mainly Boeing and Airbus. It has 754 passenger routes. Its services have been extended to 1317 destinations in 193 countries.

guó háng shì zhōng guó guó jì háng kōng gōng sī de suō xiě shì
国 航 是 " 中 国 国 际 航 空 公 司 " 的 缩 写 , 是
yì jiā guó yǒu qǐ yè yě shì zhōng guó dì èr dà shāng yè háng kōng gōng
一 家 国 有 企 业 , 也 是 中 国 第 二 大 商 业 航 空 公
sī zǒng bù shè zài běi jīng guó háng shì zhōng guó wéi yī zài guó qí fēi
司 , 总 部 设 在 北 京 。 国 航 是 中 国 唯 一 载 国 旗 飞

xíng de mín yòng háng kōng gōng sī yě shì wéi yī yì jiā zài qí zhěng gè jī
行 的 民 用 航 空 公 司 , 也 是 唯 一 一 家 在 其 整 个 机
duì zhōng xuán guà zhōng guó guó qí de háng kōng gōng sī tā de biāo zhì shì yì zhī xíng sì zì mǔ de
队 中 悬 挂 中 国 国 旗 的 航 空 公 司 。 它 的 标 志 是 一 只 形 似 字 母 " VIP " 的
fèng huáng guó háng de zhǔ yào jī dì shì běi jīng shǒu dū guó jì jī chǎng jié zhì nián yuè
凤 凰 。 国 航 的 主 要 基 地 是 北 京 首 都 国 际 机 场 。 截 至 2018 年 12 月 31
rì guó háng gòng yōng yǒu yǐ bō yīn kōng zhōng kè chē wéi zhǔ de gè xíng fēi jī jià jīng yíng kè yùn
日 , 国 航 共 拥 有 以 波 音 、 空 中 客 车 为 主 的 各 型 飞 机 684 架 , 经 营 客 运
háng xiàn yǐ dá tiáo fú wù yǐ tuò zhǎn dào gè guó jiā de gè mù dì dì
航 线 已 达 754 条 , 服 务 已 拓 展 到 193 个 国 家 的 1,317 个 目 的 地 。

Headquartered in Shanghai, China Eastern Airlines Corporation Limited (CEA) is among China's three major airlines. Currently, it operates a fleet of over 650 aircrafts, with average age less than 5.5 years, being one of the youngest fleets in major airlines in the world. As a member of the SkyTeam Alliance, CEA serves over 110 million passengers globally and ranks 7th in the world. Through its air network, CEA now reaches 1,074 destinations in 177 countries.

zhōng guó dōng fāng háng kōng gǔ fèn yǒu xiàn gōng sī zǒng bù
中 国 东 方 航 空 股 份 有 限 公 司 (C E A) 总 部
wèi yú shàng hǎi shì zhōng guó sān dà háng kōng gōng sī zhī yī mù qián
位 于 上 海 , 是 中 国 三 大 航 空 公 司 之 一 。 目 前 ,

^{tā yōng yǒu chāo guò} 它拥有超过650架飞机，^{jià fēi jī} ^{píng jūn jī líng bú dào}平均机龄不到5.5年，^{nián} ^{shì shì jiè shang zhǔ yào háng kōng gōng}是世界上主要航空公
^{sī zhōng zuì nián qīng de jī duì zhī yī} 司中最年轻的机队之一。^{zuò wéi tiān hé lián méng de chéng yuán}作为天合联盟的成员，CEA在全球为超^{zài quán qiú wèi chāo}
^{guò} 过1.1亿名乘客服务，^{yì míng chéng kè fú wù} ^{zài quán qiú pái míng dì qī}在全球排名第七。^{tōng guò qí háng kōng wǎng luò}通过其航空网络，CEA现^{xiàn}
^{yǐ fù gài} 已覆盖177个国家的1,074个目的地。^{gè guó jiā de} ^{gè mù dì dì}

China Southern Airlines is headquartered in Guangzhou. It is marked with blue vertical tail with red kapok as the company logo. It is the most developed airline with the largest passenger traffic in the year. In 2018, the passenger traffic volume of China Southern Airlines reached 140 million people, ranking first among China's airlines for 40 consecutive years. As of January 2019, China Southern Airlines operated more than 840 passenger and cargo transport aircrafts. The fleet ranks first in Asia and third in the world.

中国南方航空
CHINA SOUTHERN AIRLINES

^{zhōng guó nán fāng háng kōng jí tuán yǒu xiàng gōng sī jiǎn chēng nán háng} 中国南方航空集团有限公司简称南航，^{zǒng bù shè zài guǎng zhōu}总部设在广州，公^{gōng}
^{sī biāo zhì shì lán sè chuí zhí wěi yì shang de hóng sè mù mián huā} 司标志是蓝色垂直尾翼上的红色木棉花。^{nán háng shì zhōng guó háng xiàn wǎng luò zuì}南航是中国航线网络最
^{fā dá} 发达、年客运量最大的航空公^{nián kè yùn liàng zuì dà de háng kōng gōng}
^{sī} 司。2018年，南航旅客运输量达^{nián nán háng lǚ kè yùn shū liàng dá}
^{yì rén cì} 1.4亿人次，连续40年居中国各^{lián xù nián jū zhōng guó gè}
^{háng kōng gōng sī zhī shǒu} 航空公司之首。截至2019年1^{jié zhì nián}
^{yuè} 月，南航运营客货运输飞机超过^{nán háng yùn yíng kè huò yùn shū fēi jī chāo guò}
^{jià} 840架。机队规模居亚洲第一，世^{jī duì guī mó jū yà zhōu dì yī} ^{shì}
^{jiè dì sān} 界第三。

Chinese High-speed Rail

The Beijing-to-Shanghai high-speed train has even clocked in speeds up to 480 kilometers an hour. That's about 300 miles an hour! And with this high speed, the time to travel from New York to Washington could be shortened from the original 3h50min to 53.5min.

In 2017, the Renaissance EMU train achieved an average 350 km-per-hour journey between Beijing and Shanghai. That kind of speed would get you from London to Edinburgh in less than two hours. But the price is just a mere 20 pounds or so. In fact, China sells the cheapest high-speed train tickets in the world, which means if a Londoner gets on a Chinese high-speed train on Friday after work, it will be very easy to travel to Edinburgh and enjoy the most authentic Scotch whisky there.

"High-speed rail changes life." That is why China keeps building it. Since high-speed rail debuted in China with the Beijing-to-Tianjin link in 2008, China has built four east-west high-speed lines across the country and four north-south routes.

Along with its extensive high-speed rail networks, China has been transformed into a vast, economically-connected transportation network. Departing from Beijing in the morning, you can go to Shanghai to have a meeting and arrive in Hangzhou in the afternoon to enjoy beautiful scenery and eat local delicious sweet and sour fish near West Lake. At night, you can return to Beijing at 10 p.m., right on time. It is easy to shuttle between three cities in just one day.

As you know that in comparison to other forms of transportation, high-speed rail means reductions in noise, pollution, and energy consumption. Therefore, China can protect the environment with its best efforts, while still pursuing fast economic development. There are so many benefits about high-speed rail, no wonder that China has never stopped with its upgrades.

In the past five years, under the leadership of Chinese President Xi Jinping, China is no longer satisfied with just having high-speed rail and its national system. The country continues to strive for a faster, safer and cheaper high-speed train.

(Source: Chinadaily.com.cn)

中国高铁

中国京沪高铁的最高时速达到480公里，相当于每小时约300英里。按这个最高时速，纽约到华盛顿的时间可以从现在的3小时50分钟一下缩短到53.5分钟。

2017年，中国高铁"复兴号"在京沪线时速达到350公里。如此神速，能够让人在不到两小时内从伦敦去到爱丁堡，而票价却只要20英镑左右。是的，中国高铁票价是全世界最便宜的。所以，如果是乘坐中国高铁，一个伦敦人周五下班去爱丁堡喝一杯最地道的苏格兰威士忌，会是一件很容易的事。

"高铁改变生活"，这就是中国不断建造高铁的原因。自2008年中国第一条高铁线路"京津城际高铁"开通运营以来，中国在八年内开创了"四纵四横"的局面。

伴随着高铁的建造，中国也已经成功打造了"一日经济圈"。早晨从北京出发，中午去上海开个公司会，下午再去杭州感受一下西湖美景，吃个西湖醋鱼，晚上妥妥地十点准时回到北京，一天三个城市穿梭很轻松。

你知道吗？相较于其他交通方式，高铁是噪音、污染和能耗最低的。在发展经济的基础上还能最大程度地保护生态环境。这么多好处，怪不得中国对高铁"超能力"的提升一直没停过。

近五年，在习近平主席的带领下，中国已不仅仅满足于"有高铁"和"全国通车"，而是在不断追求更快、更安全和更便宜。

EXERCISES

Ⅰ Fill in the blanks.

1. As of December 28, 2018, the total mileage of China's highway had reached 140,000 kilometers, ranking _____ in the world.

2. Prior to 1950, there were only 21,800 km of railway lines. By the end of 2018, the railway network had been expanded to _____.

3. _____, the highest railway in the world, was completed in 2006.

4. On December 9, 2018, "Fuxing" China Standard EMU project won _____ _____.

5. By the end of 2018, China's high-speed rail business mileage had reached _____ kilometers. It is the world's longest high-speed rail mileage.

6. _____ of the world's top ten ports belong to China, including _____, the world's largest.

7. _____ is the world's longest canal stretching 1,794 km and serves 17 cities between _____ and _____.

8. China's civil aviation industry ranks _____ in the world. At present, there are _____ air transport companies in the civil aviation industry.

9. _____, headquartered in Guangzhou, has a fleet size ranking first in Asia and _____ in the world.

Ⅱ Match the two columns.

1. 铁路	A. port
2. 公路	B. container
3. 港口	C. canal
4. 运河	D. railway
5. 集装箱	E. road

Ⅲ Answer the following questions.

1. Which kind of transportation in China impresses you most? Why?

2. Can you compare and contrast transportation in China with that in your country?

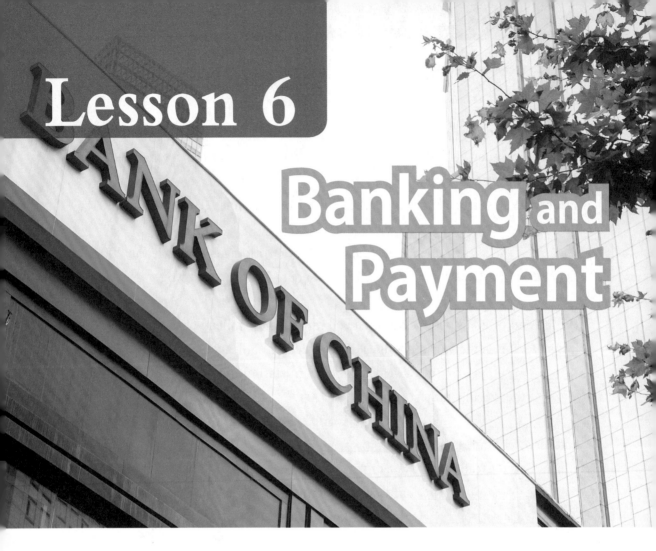

Lesson 6
Banking and Payment

6.1 Chinese Currency

Chinese currency is called Renminbi (literally people's money), often abbreviated as RMB. The abbreviated symbol of Renminbi Yuan is ¥. The unit of Renminbi is *yuan* and the smaller, *jiao* and *fen*. The conversion among the three is: 1 *yuan* =10 *jiao* =100 *fen*. Chinese people normally refer to *yuan* as *kuai*, *jiao* as *mao*. RMB is issued both in notes and coins. The denominations of paper notes include 100, 50, 20, 10, 5 and 1 *yuan*, and 5 *jiao* and 1 *jiao*. The denominations of coins are 1 *yuan*, and 5 and 1 *jiao*.

zhōngguóhuò bì
中国货币

zhōng guó huò bì bèi chēng wéi rén mín bì zì miàn yì si shì rén mín de huò bì tōng cháng suō
中国货币被称为人民币(字面意思是:人民的货币),通常缩

xiě wéi rén mín bì yuán de suō xiě fú hào wéi rén mín bì de dān wèi shì yuán jiǎo hé
写为RMB。人民币元的缩写符号为¥。人民币的单位是"元""角"和

fēn sān zhě zhī jiān de zhuǎn huàn shì yuán jiǎo fēn zhōng guó rén tōng cháng chēng
"分"。三者之间的转换是:1元=10角=100分。中国人通常称

yuán wéi kuài   jiǎo wéi máo   rén mín bì yǐ zhǐ bì hé
"元"为"块"，"角"为"毛"。人民币以纸币和
yìng bì fā xíng   zhǐ bì miàn é bāo kuò   yuán   yuán
硬币发行。纸币面额包括100元、50元、20
yuán   yuán   yuán hé yuán   yǐ jí jiǎo hé jiǎo yìng bì
元、10元、5元和1元，以及5角和1角。硬币
miàn é wéi yuán   jiǎo hé jiǎo
面额为1元、5角和1角。

xué hàn zì
学汉字
Character Learning

rén mín bì
人民币 RMB
yuán
元 Yuan
jiǎo
角 Jiao
fēn
分 Fen

 ## 6.2 Foreign Currency Exchange

China provides a wide range of banking facilities and money exchange services, which are available in large cities, international airports, major banks, and top-end hotels. In China, such currencies as US Dollar, Pound, Euro, Japanese Yen, Australian Dollar, Canadian Dollar, Swiss Franc, Danish Krone, Norwegian Krone, Swedish Krone, Singapore Dollar, Philippine Pesco, Thai Baht, Korean Dollar, Hong Kong Dollar, Macao Dollar and New Taiwan Dollar can be converted into RMB.

huò bì duì huàn
货币兑换

zhōng guó tí gōng guǎng fàn de yín háng shè shī hé huò bì duì huàn fú wù   zài dà chéng shì guó jì jī
中国提供广泛的银行设施和货币兑换服务，在大城市、国际机
chǎng   zhǔ yào yín háng hé gāo duān jiǔ diàn dōu yǒu zhè xiē shè shī
场、主要银行和高端酒店都有这些设施
hé fú wù   zài zhōng guó   hěn duō huò bì dōu kě yǐ duì huàn
和服务。在中国，很多货币都可以兑换，
bǐ rú měi yuán   yīng bàng   ōu yuán   rì yuán   ào dà lì yà
比如美元、英镑、欧元、日元、澳大利亚
yuán   jiā ná dà yuán   ruì shì fǎ láng   dān mài kè lǎng   nuó wēi
元、加拿大元、瑞士法郎、丹麦克朗、挪威
kè lǎng   ruì diǎn kè lǎng   xīn jiā pō yuán   fēi lǜ bīn bǐ suǒ   tài
克朗、瑞典克朗、新加坡元、菲律宾比索、泰
guó zhū   hán guó yuán   gǎng bì   ào mén yuán   xīn tái bì děng
国铢、韩国元、港币、澳门元、新台币等。

xué hàn zì
学汉字
Character Learning

duì huàn
兑换 exchange
wài huì
外汇 foreign currency

According to existing foreign exchange control laws and regulations of China, foreign currency circulation and foreign currency-based settlement are prohibited in the territory of China. For the convenience of foreign guests and Hong Kong, Macao and Taiwan compatriots' consumption in China, Bank of China and other appointed banks provide foreign currency exchange business for 17 kinds of currencies as well as such business as foreign currency traveler's check, foreign credit card in exchange for RMB.

gēn jù zhōng guó xiàn xíng de wài huì guǎn lǐ fǎ lǜ fǎ guī   zhōng guó jìng nèi jìn zhǐ wài bì liú tōng hé
根据中国现行的外汇管理法律法规，中国境内禁止外币流通和

wài bì jié suàn   wèi fāng biàn wài bīn hé gǎng ào tái tóng bāo xiāo fèi   zhōng guó yín háng jí qí tā zhǐ dìng yín

外币结算。为方便外宾和港澳台同胞消费，中国银行及其他指定银

háng wèi   zhǒng huò bì tí gōng duì huàn yè wù   tóng shí tí gōng wài bì lǚ xíng zhī piào guó wài xìn yòng

行为17种货币提供兑换业务，同时提供外币旅行支票、国外信用

kǎ duì huàn rén mín bì děng yè wù

卡兑换人民币等业务。

6.3 Financial and Banking System

Most of China's financial institutions are state governed. The chief instruments of financial and fiscal control are the People's Bank of China (PBC) and the Ministry of Finance, both under the authority of the State Council. The PBC is also responsible for international trade and other overseas transactions. Remittances by overseas Chinese are managed by the Bank of China (BOC), which has a number of branch offices in several countries.

jīn róng hé yín háng xì tǒng

金融和银行系统

zhōng guó de dà duō shù jīn róng jī gòu dōu shì guó yǒu de   yóu guó wù yuàn shòu quán   jīn róng hé cái

中国的大多数金融机构都是国有的，由国务院授权，金融和财

zhèng zhǔ yào yóu zhōng guó rén mín yín háng hé cái zhèng bù kòng zhì   zhōng guó rén mín yín háng hái fù zé guó

政主要由中国人民银行和财政部控制。中国人民银行还负责国

jì mào yì hé qí tā hǎi wài jiāo yì   hǎi wài huá rén huì kuǎn yóu zhōng guó yín háng guǎn lǐ   gāi yín háng zài

际贸易和其他海外交易。海外华人汇款由中国银行管理，该银行在

duō gè guó jiā shè yǒu duō gè fēn zhī jī gòu

多个国家设有多个分支机构。

Other crucial financial institutions include the China Development Bank (CDB), which funds economic development and directs foreign investment; the Agricultural Bank of China (ABC), which provides for the agricultural sector; the China Construction Bank (CCB), which is responsible for capitalizing a portion of overall investment and for providing capital funds for certain industrial and construction enterprises; and the Industrial and Commercial Bank of China (ICBC), which conducts ordinary commercial transactions and acts as a savings bank for the public. Bank of Communications (BCM) is also one of China's leading financial service providers. In 2017, BCM has been among the *Fortune* 500 companies for nine consecutive years.

xué hàn zì

学汉字
Character Learning

yín háng
银行 bank
金融 finance

qí tā zhòng yào de jīn róng jī gòu bāo kuò   zhōng guó guó jiā

其他重要的金融机构包括：中国国家

kāi fā yín háng   tā wèi jīng jì fā zhǎn tí gōng zī jīn bìng zhǐ dǎo wài

开发银行，它为经济发展提供资金并指导外

guó tóu zī   zhōng guó nóng yè yín háng   wèi nóng yè bù mén tí gōng fú

国投资；中国农业银行，为农业部门提供服

务；中国建设银行，负责资本化部分总投资，并为某些工业和建筑企业提供资金；中国工商银行，从事普通商业交易，并为公众提供储蓄业务。交通银行也是中国主要金融服务供应商之一。2017年，交通银行已连续九年跻身《财富》世界500强。

6.4 Banks & Banking Hours

The Bank of China has the most extensive network in the country. Several other major banks operate nationwide, including the Industrial and Commercial Bank of China, the China Construction Bank, and China Merchants Bank. Banks are normally open 9 a.m.—noon and 2 p.m.—4:30 p.m. or 5 p.m. Monday to Friday, but there are variations between places, and some banks are open on weekends. All banks remain closed for the first three days of the Chinese New Year, with reduced hours during other Chinese holidays.

银行及其营业时间

中国银行拥有全国最广泛的网络。其他几家主要银行也在全国范围内运营，包括中国工商银行、中国建设银行和招商银行。银行通常在周一至周五上午9点至中午，下午2点至下午4点30分或下午5点开放，但各地之间存在差异，部分银行周末开放。所有银行在农历新年的前三天不营业，在其他中国节假日期间，其营业时间缩短。

学汉字
Character Learning

yùn yíng
运营 operate
kāi fàng
开放 open

6.5 Credit Cards

Credit cards are widely accepted but always check before attempting to make a purchase that your foreign card is accepted. The accepted cards are MasterCard, Visa, Japan Credit Bureau (JCB), Diners Club, Federal Card, and American Express.

信用卡

信用卡广泛使用，但在购买之前一定要核查您的外国卡是否被授权。通常被授权的卡有万事达卡、维萨卡、日本国际信用卡、大莱

kǎ　liánbāng kǎ　hé měiguó yùntōng kǎ
卡、联邦卡和美国运通卡。

6.6 UnionPay

Established in 2002, China UnionPay co., LTD. (China UnionPay or CUP) is a joint-stock financial service institution headquartered in Shanghai, China. In 2015, it became the world's largest bank card clearing organization with the largest trading volume. In Mainland China, all the commercial Banks issuing bank cards have issued the UnionPay cards. In Hong Kong and Macao, quite many financial institutions like Bank of China (Hong Kong), Industrial and Commercial Bank of China (Asia), etc. have also officially released the standard UnionPay cards.

yín lián
银联

zhōngguó yín lián gǔ fèn yǒuxiàngōng sī　jiǎnchēngzhōngguó yín lián huò yín lián　shì yì jiā zǒng bù shè
中国银联股份有限公司(简称 中国银联或银联)是一家总部设
yú zhōngguóshàng hǎi de gǔ fèn zhì jīn róng fú wù jī gòu　chéng lì yú　nián　nián zhōng
于中国上海的股份制金融服务机构，成立于2002年。2015年，中
guó yín liánchéngwéiquán qiú jiāo yì liàng zuì dà de yín háng kǎ qīngsuàn zǔ zhī　zài zhōngguó dà lù　suǒyǒu
国银联成为全球交易量最大的银行卡清算组织。在中国大陆，所有
fā xíng yín háng kǎ de shāng yè yín hángdōu fā xíng yín lián kǎ　zài gǎng ào dì qū　zhōngguó yín háng　xiāng
发行银行卡的商业银行都发行银联卡。在港澳地区，中国银行（香
gǎng　zhōngguógōngshāng yín háng　yà zhōu　děng bù shǎo jīn róng jī gòu yě zhèng shì fā xíng le yín liánbiāo
港）、中国工商银行（亚洲）等不少金融机构也正式发行了银联标
zhǔn kǎ
准卡。

At present, UnionPay cards have already gone abroad and can be used in POS and ATM in many countries and more than 10 million overseas online merchants accept UnionPay Online Payment. These merchants are based in 200 countries and regions, including, Europe, the US, Japan, South Korea, etc., covering fields of retail, online travel booking, tuition payment, airline reservation etc.

mù qián　yín lián kǎ yǐ jīng zǒuchū guómén　zài duō gè guó jiā de　hé　shàng kě yǐ shǐ
目前，银联卡已经走出国门，在多个国家的POS和ATM上可以使
yòng　chāoguò　wàn gè hǎi wài zài xiànshàng jiā jiē shòu yín
用。超过1,000万个海外在线商家接受银
lián zài xiàn zhī fù　zhè xiē shāng jiā biàn bù　gè guó jiā hé dì
联在线支付。这些商家遍布200个国家和地
qū　bāo kuò ōu zhōu　měiguó　rì běn　hánguóděng　hán gài língshòu
区，包括欧洲、美国、日本、韩国等，涵盖零售
lǐng yù　zài xiàn lǚ yóu yù dìng　xué fèi zhī fù　hángkōng jī piào yù
领域、在线旅游预订、学费支付、航空机票预
dìngděng
订等。

xué hàn zì
▶ 学汉字
Character Learning

xìn yòng kǎ
信用卡 credit card
yín lián
银联 UnionPay

6.7 Alipay

Alipay refers to Alibaba's payment instrument, which is the leading third-party payment platform in China. Alipay is a one-stop scene platform based on real name and trust. Alipay not only supports online consumer payment, but also expands offline payment services through the form of scan code payment, covering the many aspects of people's life, such as catering, supermarkets, convenience stores, taxis, public transportation and so on. At the same time, Alipay has also vigorously expanded its overseas payment business, and has also made a difference in the domestic financial sector, such as providing payment services for wealth management products such as Yu'ebao and funds.

zhī fù bǎo
支付宝

zhī fù bǎo shì ā lǐ bā bā qí xià de zhī fù gōng jù shì guó nèi lǐngxiān de dì sānfāng zhī fù píng
支付宝是阿里巴巴旗下的支付工具，是国内领先的第三方支付平

tái zhī fù bǎo shì yǐ shímíng zhì wèi jī chǔ de yí zhàn shì chǎng jǐngpíng tái zhī fù bǎo bù jǐn zhī chíxiàn
台。支付宝是以实名制为基础的一站式场景平台。支付宝不仅支持线

shàngxiāo fèi zhī fù yě tōngguòsǎo mǎ zhī fù de xíng shì tuòzhǎn le
上消费支付，也通过扫码支付的形式拓展了

xiàn xià zhī fù fú wù jī hū kě yǐ hán gài rénmenshēnghuó de gè
线下支付服务，几乎可以涵盖人们生活的各

gè lǐng yù rú cān yǐn chāo shì biàn lì diàn chū zū chē gōng
个领域，如：餐饮、超市、便利店、出租车、公

gòng jiāotōngděng tóng shí zhī fù bǎo yě dà lì tuòzhǎn hǎi wài zhī
共交通等。同时，支付宝也大力拓展海外支

fù yè wù hái zài guó nèi jīn róng lǐng yù yǒusuǒ zuò wéi rú wèi yú
付业务，还在国内金融领域有所作为，如为余

é bǎo jī jīn děng lǐ cáichǎn pǐn tí gōng zhī fù fú wù
额宝、基金等理财产品提供支付服务。

xué hàn zì
学汉字
Character Learning

zhī fù bǎo
支付宝 alipay
sǎomǎ
扫码 scan code
jī jīn
基金 fund

Additional Information

UnionPay Credit Card

UnionPay Credit Card is a convenient ideal choice, whether to travel abroad, or to purchase online from around the world. Moreover, they can enjoy great peace of mind when purchasing with UnionPay card. Worldwide acceptance of UnionPay card, including global ATM network, allows instant payment both online and offline. Cardholders may also enjoy various exclusive privileges and even extra surprises!

UnionPay premium credit card products provide privileges and comprehensive protection, bringing you more support and convenience in both work and life.

UnionPay Prepaid Card is ideal for tourists, students and business travelers going to China since no other card in China can rival it in terms of convenience and security.

The card has an optional dual currency feature in cardholder's local currency and Chinese RMB. Once in China, your purchases or cash withdrawals draw down your RMB funds first, with no extra foreign exchange fees. If you exhaust your RMB funds, the card simply draws on your local currency funds. If you need more money when travelling, remittances can be facilitated to a prepaid cardholder via the UnionPay Money Express program. This means parents can top up the account of their children who are studying abroad. Companies can efficiently transfer funds to expats or travelling staff in China.

银联信用卡

银联信用卡对很多人来说是很方便的选择，无论是出国旅行，还是从世界各地在线购物。此外，用银联卡购物时，人们可以放心使用。银联卡在全球被广泛使用，而且支持全球联网的ATM机。购物时，持卡人既可以线上支付也可线下支付。持卡人还可享受各种特殊的优惠，甚至有额外的惊喜！

银联贵宾信用卡产品提供贵宾权益和全面保护，为持卡人的工作和生活带来更多支持和便利。

银联预付卡非常适合到中国来的游客、学生和商务旅客，因为在中国没有其他卡可以在便利性和安全性方面与之竞争。

该卡具有可选的双币种功能，即持卡人的当地货币和中国人民币。在中国，持卡人购物或现金提取账户首先以人民币支付，因而不用支付额外的外汇兑换费用。如果账户人民币用完，该卡会用本地

huò bì zhàng hù zhī fù　rú guǒ nín zài lǚ xíng shí qián bú gòu huā le　kě tōng guò yín lián quán qiú sù huì fú wù
货 币 账 户 支 付 。如 果 您 在 旅 行 时 钱 不 够 花 了 ，可 通 过 银 联 全 球 速 汇 服 务

xiàng yù fù kǎ chí kǎ rén kuài sù huì kuǎn　zhè yì wèi zhe fù mǔ kě yǐ gěi tā men zài guó wài xué xí de hái zi
向 预 付 卡 持 卡 人 快 速 汇 款 。这 意 味 着 父 母 可 以 给 他 们 在 国 外 学 习 的 孩 子

de zhàng hù chōng zhí　gōng sī kě yǐ yǒu xiào de jiāng zī jīn zhuǎn gěi shēn zài zhōng guó de wài jí yuán gōng
的 帐 户 充 值 ，公 司 可 以 有 效 地 将 资 金 转 给 身 在 中 国 的 外 籍 员 工 。

EXERCISES

Ⅰ **Fill in the blanks.**

1. Chinese currency is called _____ (literally _____), often abbreviated as _____.

2. The abbreviated symbol of Renminbi Yuan is _____.

3. The unit of Renminbi is _____ and the smaller, _____ and _____.

4. _____ conducts ordinary commercial transactions and acts as a savings bank for the public.

5. _____ are widely accepted but always check before attempting to make a purchase that your foreign card is accepted.

6. At present UnionPay cards can be used in _____ and _____ in many countries.

7. The leading third-party payment platform in China is _____.

Ⅱ **Match the two columns.**

1. 银联	A. Alipay
2. 信用卡	B. credit card
3. 支付宝	C. UnionPay
4. 扫码	D. scan code
5. 外汇	E. Bank of China
6. 货币兑换	F. foreign currency
7. 中国银行	G. exchange

Ⅲ **Answer the following questions**.

1. What are Chinese currency and the currency used in your home country called? What are their units respectively?

2. Are foreign currency circulation and foreign currency-based settlement allowed in the territory of China? If the foreign guests have to make purchases and they don't have RMB, what should they do?

Lesson 7
Telecommunications and Postal Service

7.1 Telecommunications

The telecommunications industry in China is dominated by three state-run businesses: China Telecom, China Unicom and China Mobile. The three companies were formed by a revolution and restructuring launched in May 2008, engaging fixed-line and mobile business in China. Since 2013, all the three companies have gained 4G licenses.

diàn xìn
电信

zhōngguó de diàn xìn yè yóu sān jiā guó yǒu qǐ yè zhǔdǎo　zhōngguó diàn xìn　zhōngguó liántōng hé zhōng
中 国 的 电 信 业 由 三 家 国 有 企 业 主 导： 中 国 电 信、 中 国 联 通 和 中

guó yí dòng　zhè sān jiā gōng sī yú　　nián yuè chóng zǔ jiàn lì　zài zhōng guó cóng shì gù dìng diàn huà
国移动。这三家公司于2008年5月重组建立,在中国从事固定电话
hé yí dòng yè wù　cóng　　nián qǐ　zhè sān jiā gōng sī dōu huò dé le　pái zhào
和移动业务。从2013年起,这三家公司都获得了4G牌照。

As of 2018, China has the world's largest 4G network and is still striving for further expansion, with the goal to improve signal coverage in buildings, elevators and other indoor spaces, as well as railroads and expressways. On June 6, 2019, the Ministry of Industry and Information Technology officially issued 5G commercial licenses to China Telecom, China Mobile, China Unicom and China Radio and Television. China formally entered the first year of 5G commercial.

jié zhì　　nián zhōng guó yōng yǒu shì jiè shang zuì dà de　wǎng luò bìng réng zài nǔ lì jìn yí
截至2018年,中国拥有世界上最大的4G网络,并仍在努力进一

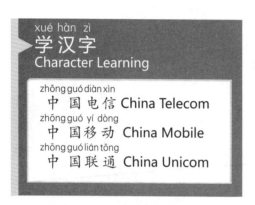

bù kuò zhāng　mù biāo shì gǎi shàn jiàn zhù　diàn tī děng
步扩张,目标是改善建筑、电梯等
shì nèi kōng jiān yǐ jí tiě lù hé gāo sù gōng lù de xìn
室内空间以及铁路和高速公路的信
hào fù gài　　nián yuè　rì　gōng xìn bù zhèng
号覆盖。2019年6月6日,工信部正
shì xiàng zhōng guó diàn xìn　zhōng guó yí dòng　zhōng guó
式向中国电信、中国移动、中国
lián tōng　zhōng guó guǎng diàn fā fàng　shāng yòng pái
联通、中国广电发放5G商用牌
zhào　zhōng guó zhèng shì jìn rù　shāng yòng yuán nián
照,中国正式进入5G商用元年。

Cellular phones are very widespread and offer very good service. In general, most SIM cards are capable of nationwide usage right off the bat.

shǒu jī fēi cháng pǔ jí　bìng tí gōng fēi cháng hǎo de fú wù　yì bān lái shuō　dà duō shù　kǎ
手机非常普及,并提供非常好的服务。一般来说,大多数SIM卡
dōu kě yǐ zài quán guó fàn wéi nèi shǐ yòng
都可以在全国范围内使用。

Most mobile phone services are prepaid. You can go to the service center of your carrier for recharging. You can also top up the account via Wechat, Alipay, or credit card online.

dà duō shù shǒu jī fú wù dōu shì yù fù fèi de　nǐ kě yǐ dào yùn yíng shāng de yíng yè tīng chōng zhí
大多数手机服务都是预付费的。你可以到运营商的营业厅充值。
nǐ yě kě yǐ tōng guò wēi xìn　zhī fù bǎo huò xìn yòng kǎ zài xiàn chōng zhí
你也可以通过微信、支付宝或信用卡在线充值。

Cell phones will not normally make international calls. To get that service, you need to contact your supplier to activate it.

shǒu jī tōng cháng bù néng bō dǎ guó jì cháng tú　yào huò dé gāi fú wù　nǐ xū yào kāi tōng guó jì
手机通常不能拨打国际长途。要获得该服务,你需要开通国际
cháng tú
长途。

Phone Numbers for Special Services

fire alarm 119

first aid 120

traffic accidents 122

police 110

tè shū qíng kuàng de diàn huà hào mǎ
特殊情况的电话号码

huǒ jǐng
火警 119

jí jiù zhōng xīn
急救中心 120

dào lù jiāotōng shì gù bào jǐng tái
道路交通事故报警台 122

bào jǐng
报警110

How to Make Domestic Calls and International Calls in China

- To call China from abroad, dial your international access code + China's country code (86) + the area code omitting the first 0 + the local number.

- To make an inter-city call, dial the area code of that city and the local number. For Beijing, dial 010; Shanghai, 021; Guangzhou, 020; Nanjing, 025.

- To make a local call, omit the area code.

- To make an international call from China, dial 00 + the country code + the area code omitting any initial 0 + the local number.

- Dial 115 for international directory assistance.

* Dial 114 for local directory enquiries in Chinese; dial the area code followed by 114 for numbers in another city.

zài zhōngguó rú hé bō dǎ guó nèi yǔ guó jì diànhuà
在中国如何拨打国内与国际电话

yào cóng guó wài bō dǎ zhōngguó diànhuà qǐng bō dǎ guó jì jiē rù mǎ zhōng guó guó jiā dài mǎ
*要从国外拨打中国电话,请拨打国际接入码 + 中国国家代码

shěng lüè qū hào qián de běn dì hào mǎ
(86)+ 省略区号前的0+本地号码。

yào bō dǎ chéng jì diàn huà qǐng bō dǎ gāi chéng shì de qū hào běn dì hào mǎ běi jīng qū
*要拨打城际电话,请拨打该城市的区号 + 本地号码。北京区

hào shì shàng hǎi qū hào shì guǎng zhōu qū hào shì nán jīng qū hào shì
号是010,上海区号是021, 广州区号是020,南京区号是025。

yào bō dǎ běn dì diàn huà qǐng shěng lüè qū hào
*要拨打本地电话,请省略区号。

yào bō dǎ guó jì cháng tú diàn huà qǐng bō guó jiā dài mǎ shěng lüè rèn hé chū shǐ de
*要拨打国际长途电话,请拨00+国家代码+省略任何初始0的

qū hào běn dì hào mǎ
区号+本地号码。

bō dǎ　　　yǐ huò qǔ guó jì chá hào fú wù
＊拨打115以获取国际查号服务。

bō dǎ　　　yǐ chá xún zhōng wén běn dì hào mǎ　bō dǎ qū hào　　　　chá xún lìng yí gè
＊拨打114以查询中文本地号码；拨打区号＋114，查询另一个

chéng shì de hào mǎ
城市的号码。

 WeChat

WeChat is the most popular social media app in China. It has also developed over recent years to become a payment means for online or offline shopping, renting public bicycles, or taking taxis. In fact, it can do payment for almost anything that used to be done in cash or by credit cards.

wēi xìn
微信

wēi xìn shì zhōng guó zuì shòu huān yíng de shè jiāo méi tǐ yìng yòng ruǎn jiàn
微信是中国最受欢迎的社交媒体应用软件。
jìn nián lái　　tā hái fā zhǎn chéng wéi zài xiàn huò lí xiàn gòu wù　　zū yòng gōng gòng
近年来，它还发展成为在线或离线购物、租用公共
zì xíng chē huò chéng zuò chū zū chē de zhī fù shǒu duàn　　shì shí shang　wēi xìn kě
自行车或乘坐出租车的支付手段。事实上，微信可
yǐ zhī fù jǐ hū suǒ yǒu guò qu yòng xiàn jīn huò xìn yòng kǎ zhī fù de dōng xi
以支付几乎所有过去用现金或信用卡支付的东西。

WeChat is a social media free application developed by China's Tencent company and launched in 2011. As of 2018, it has hit 1 billion monthly active users. WeChat has become a way of life for the Chinese.

wēi xìn shì yóu zhōng guó téng xùn gōng sī kāi fā bìng yú　　　　　nián tuī chū de shè jiāo méi tǐ miǎn fèi
微信是由中国腾讯公司开发并于2011年推出的社交媒体免费
yìng yòng chéng xù　　jié zhì　　　　nián wēi xìn měi yuè huó yuè yòng hù yǐ dá　　yì　　wēi xìn yǐ chéng wéi
应用程序。截至2018年，微信每月活跃用户已达10亿。微信已成为
zhōng guó rén de yì zhǒng shēng huó fāng shì
中国人的一种生活方式。

WeChat is becoming more and more popular. Many Chinese use it as a way of payment and it saves a lot of time. The phone has become an important part of life and people today communicate more via electronic tools rather than face to face.

People don't even need to make phone calls, as they can send voice messages and make video calls.

xué hàn zi
学汉字
Character Learning

wēi xìn
微信 WeChat
yǔ yīn xìn xī
语音信息 voice message
shì pín diàn huà
视频电话 video call

wēi xìn yuè lái yuè shòu huān yíng　　xǔ duō zhōng guó rén
微信越来越受欢迎。许多中国人
hái yòng wēi xìn fù kuǎn　　fāng biàn ér shěng shí　　shǒu jī yǐ
还用微信付款，方便而省时。手机已
jīng chéng wéi shēng huó de zhòng yào zǔ chéng bù fen　jīn tiān
经成为生活的重要组成部分，今天
de rén men tōng guò diàn zǐ gōng jù ér bú shì miàn duì miàn de
的人们通过电子工具而不是面对面的

fāng shì jìn xíng gèng duō gōu tōng
方式进行更多沟通。rén men shèn zhì bù xū yào bō dǎ diàn huà人们甚至不需要拨打电话，yīn wèi kě yǐ fā sòng yǔ yīn xìn因为可以发送语音信
xī hé bō dǎ shì pín diàn huà
息和拨打视频电话。

Moreover, WeChat has become a source and a quicker way for people to get news.

cǐ wài wēi xìn hái shì rén men huò qǔ xīn wén de yì zhǒng kuài jié fāng shì
此外，微信还是人们获取新闻的一种快捷方式。

7.3 Postal Service in China

China Post is the postal service provider of the People's Republic of China operating on the mainland. China Post is operated by the State Post Bureau of the People's Republic of China.

zhōng guó de yóu zhèng fú wù
中国的邮政服务

zhōng guó yóu zhèng shì zhōng huá rén mín gòng hé guó zài dà lù de yóu zhèng fú wù tí gōng shāng zhōng
中国邮政是中华人民共和国在大陆的邮政服务提供商。中
guó yóu zhèng yóu zhōng huá rén mín gòng hé guó guó jiā yóu zhèng jú yùn yíng
国邮政由中华人民共和国国家邮政局运营。

7.3.1 Postal Services

The postal service in China is reliable, and the domestic service is reasonably fast. It takes less than a day for mail to reach local destinations, two or more days to inland destinations, while the international postal service takes up to 10 days to send airmail and postcards overseas. Visitors can send mail by standard or registered post, while EMS (Express Mail Service) is a reliable way to send packages and documents abroad and within the country. Large hotels usually have post desks. Take your mail to the post office, rather than dropping it into a mailbox. It will help postal staff sort your letter if you write the country's name in Chinese characters. Packaging materials for parcels are available at post offices. Reliable post services are available all over China. Envelopes should be addressed with the surname underlined and in capitals. Chinese addresses always start with the country, then the province, city, street, house number, and name of recipient. The post code should be written at the specified place.

yóu zhèng fú wù
邮政服务

zhōng guó de yóu zhèng fú wù shì kě kào de ér qiě guó nèi yóu jì de sù dù xiāng dāng kuài yóu
中国的邮政服务是可靠的，而且国内邮寄的速度相当快。邮
jiàn dào dá dāng dì mù dì dì zhǐ xū bú dào yì tiān dào nèi lù mù dì dì xū yào liǎng tiān huò gèng cháng shí
件到达当地目的地只需不到一天，到内陆目的地需要两天或更长时

间，而国际邮政服务则需要10天时间才能将邮件和明信片发送到海外。访客可以通过标准或挂号信的方式发送邮件，而EMS（特快专递服务）是在国内外发送包裹和文件的可靠方式。大型酒店通常有邮局。你需要把邮件带到邮局，而不是把它放在邮箱里。如果您用中文写下国家名称，这将帮助邮政人员对您的信件进行分类。包裹的包装材料可在邮局购买。可靠的邮政服务遍布中国各地。信封上写明姓氏，加下划线并用大写字母。中文地址先写国家，然后写省、市、街道、门牌号码和收件人姓名。邮政编码应该写在指定的方框里。

7.3.2 Courier Services

Courier services are widely available, but less so in small towns and remote areas. While it is preferable to send large, bulky items by regular land, sea, or air cargo, important letters, documents, and smaller parcels are best sent through a courier agency, even though it may be more expensive. United Parcel Service (UPS), Federal Express, and DHL Worldwide Express are international courier agencies with a wide network.

快递服务

快递服务广泛可用，但在小城镇和偏远地区则较少。大件物品通常可以发常规陆运、海运或空运，但重要的信件、文件和较小的包裹最好通过快递公司发送，即使它可能更贵。UPS、联邦快递和DHL是常见的国际快递公司。

7.3.3 Sending Parcel Abroad

If you are sending items abroad, take them unpacked with you to the post office to be inspected. Most post offices offer materials (for which you'll be charged) for packaging, including padded envelopes, boxes and heavy brown paper. Once the box is sealed, you then go to pay for the postage. Hang onto your receipt (the one for the postage of the item), as it could be useful for chasing misdirected goods, should this happen.

xiàng guó wài jì bāo guǒ
向 国 外 寄 包 裹

rú guǒ nǐ yào jiāng wù pǐn jì dào guó wài   qǐng jiāng tā men xié dài dào yóu jú   bú yòng shì xiān dǎ
如果你要 将 物品寄到国外，请 将 它们携带到邮局，不用事先打

bāo   yǐ fāngbiàn yóu jú duì wù pǐn jìn xíng jiǎn chá   dà duō shù yóu jú   tí gōngbāozhuāng cái liào   jiāng shōu
包，以方便邮局对物品进行检查。大多数邮局提供包 装 材料（将 收

qǔ fèi yong   bāo kuòruǎndiàn xìn fēng   hé zi hé hòuniú pí zhǐ   yí dàn hé zi bèi mì fēng   nǐ jiù kě
取费用 ），包括软垫信封、盒子和厚牛皮纸。一旦盒子被密封，你就可

yǐ zhī fù yóu fèi le   bǎo liú nǐ de shōu jù   wù pǐn yóu fèi de shōu jù   tā kě néng duì zhuīzōng diū
以支付邮费了。保留你的收据（物品邮费的收据），它可能对追踪丢

jiàn wù pǐn hěn yǒu yòng
件物品很有 用。

7.3.4 Postal Rates

Postage for domestic letters up to 20g is ¥0.80 (inner-city) or ¥1.20 (inter-city); each additional 100g costs ¥1.20 (inner-city) or ¥2 (inter-city). EMS Domestic Express Mail Service (EMS) parcels up to 1,000g cost ¥12 (inner-provice) or ¥21 (inter-province); the cost for each additional 500g varies according to areas. For international EMS, the charges vary according to country. Aerogram is available at post offices. There are discounts for printed matter and small packets.

yóuzhèng zī fèi
邮 政 资 费

guó nèi xìn jiàn   yǐ nèi de yóu fèi wèi   yuán shì
国内信件20g以内的邮费为0.80元（ 市

nèi huò   yuán chéng jì jiān   měizēng jiā   kè xū
内）或1.20元（ 城 际间），每增加100克需

jiā   yuán shì nèi huò yuán chéng shì jiān   bāo
加1.20元（ 市内）或2元（ 城市间）。EMS包

guǒ   kè yǐ nèi fèi yongshēng nèi wéi   yuán shēng jì wèi
裹1,000克以内费用 省内为12元，省际为

yuán měizēng jiā   kè fèi yong yīn dì qū ér yì   duì
21元，每增加500克，费用因地区而异。对

yú guó jì   fèi yong yīn guó jiā ér yì   hángkōng yóu jiàn
于国际EMS，费用因国家而异。 航 空 邮件

kě zài yóu jú bàn lǐ   yìn shuā pǐn hé xiǎobāozhuāng yǒu zhé kòu
可在邮局办理。印刷品和小包 装 有折扣，

zuì dà zhòngliàng wèi
最大重量为30kg。

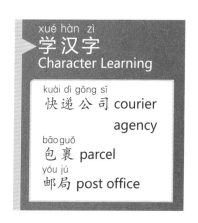

xué hàn zì
学 汉字
Character Learning

kuài dì gōng sī
快递公司 courier
agency
bāo guǒ
包裹 parcel
yóu jú
邮局 post office

 China's Top 6 Courier Services

Internet has made shopping easier than ever, but there is one important step between hitting the "buy" button and tearing open the package — delivery. Whether planning to send products or impatiently waiting to receive them, here is a guide to the most popular courier services in China.

中国的六大快递服务商

互联网使购物变得比以往任何时候都更容易，但在点击"购买"按钮和撕开包装之间还有一个重要的步骤——快递。无论你是计划寄出物品，还是迫不及待地等待接收物品，这里有一份中国最常见的几家快递的公司简介。

7.4.1 Shunfeng

Widely regarded as the top courier, Shunfeng was established in 1993 and has built a reputation of great service, reliability, and speed. They were the first private company to buy their own aircraft and have over 40 in service. One potential drawback is a lack of delivery centers in poorer, more rural areas.

顺丰

顺丰公司成立于1993年，被广泛认为是中国快递行业的龙头老大。它是第一家购买自己飞机的私人公司，现有40多架飞机。该公司的一个潜在缺陷是在较贫穷、较偏远的地区缺乏网点。

7.4.2 EMS

EMS is a service provided by China Post, which means it is the most official service around. It started in 1980 as China's first courier provider and has 17 planes in service currently. Being a part of China Post means that it has tremendous reach, with outlets in even the most backward of places.

EMS特快专递

特快专递是中国邮政提供的一项服务，这意味着它是最官方的服务。该公司成立于1980年，是中国第一家快递公司，目前拥有17架飞机。作为中国邮政的一部分，它拥有巨大的影响力，甚至在最偏远的地方也有网点。

7.4.3 Yuantong

As a veteran of the courier scene, Yuantong operates in most areas of China with multiple outlets. China's first privately-owned service, Yuantong's base is in Shanghai and they currently have 23 planes in operation.

yuántōng
圆通

作为快递行业的老手，圆通在中国大部分地区都有多家门店。它是中国第一家民营快递公司，总部在上海，目前运营着23架飞机。

7.4.4 Zhongtong

A relative newcomer compared to the others, Zhongtong was founded in 2002 and combines delivery with other services such as logistics, e-commerce, and printing. City dweller may have easy access to outlets, and those living in the countryside will find it harder to obtain reliable service from Zhongtong.

zhōngtōng
中通

中通成立于2002年，与其他公司相比，是一家相对较新的公司。城市居民可能很容易找到中通网点，而那些生活在农村的人却发现很难从中通获得可靠的服务。

7.4.5 Shentong

Established in 1993, Shentong announced that it had used automated robots to sort its inventory. Shentong has expanded their coverage over the past few years, with particular emphasis in Shanghai, Jiangsu, and Zhejiang.

shēn tōng
申通

申通成立于1993年，他们宣称已使用自动机器人分拣快递。申通在过去几年扩大了覆盖范围，特别是在上海、江苏和浙江。

7.4.6 Yunda

Yunda was founded in 1999 by the younger brother of Shentong's founder. In 2013, Yunda opened up international development alongside their domestic operations.

yùn dá
韵达

yùn dá yóu shēn tōng chuàng shǐ rén de dì di yú   nián chuàng lì
韵达由申通创始人的弟弟于1999年创立。

nián   yùn dá zài guó nèi yè wù de jī chǔ shàng kāi tuò le guó jì yè wù
2013年, 韵达在国内业务的基础上开拓了国际业务。

Additional Information

Use WeChat to Top Up Your Phone

You can top up your phone on WeChat once you've setup online payments. First, you need to connect your bank card to your WeChat account in order to make mobile payments.

Mobile payment is the foundation from which all of the other features are built on. To activate "WeChat Pay", you need to link your bank card to your WeChat account. Here's how:

Tap "Me"→Tap "WeChat Pay"→Tap "Wallet"→Tap "Cards"→Tap "Add Bank Card", and follow the rest of the instructions which are in English.

Be sure to enter your name EXACTLY as it is registered with your bank card. You'll also need your passport number handy.

Our phones seem to always run out of credit at the most inopportune times. Luckily, WeChat's top-up function makes topping up your phone a whole lot easier! Here is how to do it:

Tap "Me"→Tap "WeChat Pay"→Tap "Mobile Top Up"→Enter your phone number, follow instructions and voila, you've just topped up your mobile phone.

yòng wēi xìn gěi shǒu jī chōng zhí
用微信给手机充值

yí dàn nǐ shè zhì le zài xiàn zhī fù   jiù kě yǐ zài wēi xìn shang wèi shǒu jī chōng zhí   shǒu xiān   nǐ
一旦你设置了在线支付, 就可以在微信上为手机充值。首先, 你

xū yào jiāng nǐ de yín háng kǎ yǔ nǐ de wēi xìn zhàng hù bǎng dìng   yǐ biàn jìn xíng yí dòng zhī fù
需要将你的银行卡与你的微信账户绑定, 以便进行移动支付。

yí dòng zhī fù shì suǒyǒu qí tā gōngnéng de jī chǔ yào jī huó wēi xìn zhī fù nǐ bì xū jiāng nǐ
移动支付是所有其他功能的基础。要激活"微信支付"，你必须将你

de yínháng kǎ bǎngdìng nǐ de wēi xìn zhàng hù cāozuò rú xià
的银行卡绑定你的微信账户。操作如下：

diǎn jī wǒ diǎn jī wēi xìn zhī fù diǎn jī qiánbāo diǎn jī yínháng kǎ diǎn jī
点击"我"→点击"微信支付"→点击"钱包"→点击"银行卡"→点击

tiān jiā yínháng kǎ bìng àn zhàoyīng yǔ shuōmíng de qí yú bù fēncāozuò
"添加银行卡"，并按照英语说明的其余部分操作。

qǐng wù bì shū rù yǔ nín yínháng kǎ zhù cè míngwánquán yí zhì de xìngmíng nǐ hái xū yàozhǔn bèihǎo
请务必输入与您银行卡注册名完全一致的姓名。你还需要准备好

hù zhàohào mǎ
护照号码。

wǒmen de shǒu jī sì hū zǒng shì zài zuì bù hé shì de shíhòuméiqián le xìngyùn de shì wēi xìn de
我们的手机似乎总是在最不合适的时候没钱了。幸运的是，微信的

chōng zhíyìngyòngràng nǐ de shǒu jī chōng zhígèngróng yì xiàmiàn shìcāozuò bù zhòu
充值应用让你的手机充值更容易!下面是操作步骤：

diǎn jī wǒ diǎn jī wēi xìn zhī fù diǎn jī shǒu jī chōng zhí shū rù nǐ de diànhuàhào
点击"我"→点击"微信支付"→点击"手机充值"→输入你的电话号

mǎ àn zhàoshuōmíngcāozuò hǎo le nǐ de shǒu jī chōng zhíwán bì
码，按照说明操作。好了，你的手机充值完毕。

EXERCISES

Ⅰ Fill in the blanks.

1. The telecommunications industry in China is dominated by three state-run businesses: China Telecom, China Unicom and China _____.

2. To make an _____ call from China, dial 00, the country code, the area code omitting any initial 0, and the local number.

3. _____ is the most popular social media app in China.

4. Widely regarded as the top courier, _____ was established in 1993 and has built a reputation of great service, reliability, and speed.

5. To call China from abroad, dial your international access code, China's country code (_____), the area code omitting the first 0, followed by the local number.

6. If you want to call the police in China, you can dial _____.

7. Chinese addresses always start with the country, then the _____, city, street, house number, and name of recipient.

II Match the two columns.

1. 充值   A. mobile payment
2. 邮局   B. post office
3. 语音信息   C. video call
4. 国际长途电话   D. courier service
5. 视频电话   E. top up
6. 快递服务   F. international call
7. 手机支付   G. voice message

III Answer the following questions.

1. How to call your home on your cell phone?

2. How to top up your mobile phone if it's almost out of credit?

Lesson 8
Mass Media

With the economic development that started in the 1980s, Chinese media have become more diversified as they extend their reach throughout China through multiple transmission, including satellites, wireless and wired systems. By the end of 2018, there were 2,647 broadcasters in China, including radio stations, television stations and radio-television stations.

随着20世纪80年代开始的经济发展，中国媒体通过多种传输方式（包括卫星、无线和有线系统）扩展到中国各地，使其变得更加多样化。截至2018年底，全国共有广播电台、电视台、广播电视台等播出机构2,647家。

8.1 News Agencies

Headquartered in Beijing, Xinhua News Agency is China's official news agency, as well as one of the world's major international news agencies with more than 180 branches in Asia-Pacific, the Middle East, Latin America, Africa and other regions.

新闻机构

新华社总部设在北京，是中国的官方新闻机构，也是世界上主要的国际新闻机构之一，在亚太、中东、拉丁美洲、非洲等地区设有180多家分支机构。

With its head office also in Beijing, China News Service mainly supplies news to overseas Chinese, foreign citizens of Chinese origin, and compatriots in the Hong Kong Special Administrative Region, the Macao Special Administrative Region, and Taiwan.

中国新闻社总部也在北京，主要向海外华侨、外籍华裔、香港特别行政区、澳门特别行政区和台湾同胞提供新闻。

> **学汉字**
> **Character Learning**
>
> 新华社 Xinhua News Agency
> 新闻机构 news agency

8.2 Newspapers

The *People's Daily* is the biggest newspaper group in China. The paper is an official newspaper of the Central Committee of the Communist Party of China, published worldwide. In addition to its main Chinese-language edition, it has editions in English, Japanese, French, Spanish, Portuguese, Russian, Arabic, Tibetan, Kazakh, Uyghur, Zhuang, Mongolian, and other minority languages in China.

广播报纸

《人民日报》是中国最大的报业集团。该报是中国共产党中央委员会的官方报纸，全球发行。除了中文版外，它还有英文、日文、法文、西班牙文、葡萄牙文、俄文、阿拉伯文、藏文、哈萨克文、维吾尔文、壮文、蒙古文和其他少数民族语言版本。

In 1992, the *People's Daily* was named one of the top ten newspapers in the world by UNESCO. The *People's Daily* is an important window for China's foreign cultural exchanges. It records changes in Chinese society, and reports on the changes that are taking place in China.

^{nián} ^{rén mín rì bào} ^{bèi lián hé guó}
1992年,《人民日报》被联合国
^{jiào kē wén zǔ zhī píng wèi shì jiè shí dà bào zhǐ zhī yī}
教科文组织评为世界十大报纸之一。
^{rén mín rì bào} ^{shì zhōng guó duì wài wén huà jiāo liú de}
《人民日报》是中国对外文化交流的
^{zhòng yào chuāng kǒu} ^{jì lù zhōng guó shè huì de biàn huà}
重要窗口,记录中国社会的变化,
^{bào dào zhōng guó zhèng zài fā shēng de biàn huà}
报道中国正在发生的变化。

8.3 People's Daily Online

The *People's Daily* also maintains a multilingual internet presence, and established the People's Daily Online in 1997. People's Daily Online focuses on Chinese news, Chinese society, Chinese military, Chinese culture, Chinese travel guide, Chinese politics, foreign affairs, business and a lot more.

^{rén mín wǎng}
人民网

^{rén mín rì bào} ^{hái yǒu duō yǔ zhǒng de wǎng zhàn} ^{yú} ^{nián jiàn lì le rén mín wǎng}
《人民日报》还有多语种的网站,于1997年建立了人民网：
^{rén mín wǎng guān zhù zhōng guó xīn}
http://en.people.cn/。人民网关注中国新
^{wén} ^{zhōng guó shè huì} ^{zhōng guó jūn duì} ^{zhōng guó wén huà}
闻、中国社会、中国军队、中国文化、
^{zhōng guó lǚ yóu zhǐ nán} ^{zhōng guó zhèng zhì} ^{wài jiāo shì wù}
中国旅游指南、中国政治、外交事务、
^{shāng yè děng děng}
商业等等。

8.4 *China Daily*

China Daily is the first and only national English daily since the founding of the People's Republic of China. *China Daily* reports authoritatively, objectively and swiftly, introducing the political, economic, cultural and social information of our country to readers at home and abroad. *China Daily* is the highest reproduced media in China by major overseas news agencies, newspapers, radio and television stations. It represents China's voice in global information exchange. Its website is: http://www.chinadaily.com.cn.

^{zhōng guó rì bào}
《中国日报》

^{zhōng guó rì bào} ^{shì zhōng huá rén mín gòng hé guó chéng lì yǐ lái chuàng bàn de dì yī fèn yě shì}
《中国日报》是中华人民共和国成立以来创办的第一份也是
^{mù qián wéi yī de yí fèn quán guó xìng yīng wén rì bào} ^{zhōng guó rì bào} ^{yǐ quán wēi kè guān xùn jié}
目前唯一的一份全国性英文日报。《中国日报》以权威、客观、迅捷
^{de bào dào} ^{xiàng guó nèi wài dú zhě jiè shào le wǒ guó zhèng zhì} ^{jīng jì wén huà shè huì děng gè fāng miàn}
的报道,向国内外读者介绍了我国政治、经济、文化、社会等各方面

de xùn xī　　　　zhōng guó rì bào　　shì mù qián wǒ guó bèi jìng wài gè　dà tōng xùn shè　bào kān　diàn tái　diàn
的讯息。《中国日报》是目前我国被境外各大通讯社、报刊、电台、电

shì tái zhuǎn zǎi zuì duō de méi tǐ　zài quán qiú xìn xī jiāo liú zhōng dài biǎo zhōng guó de shēng yīn　tā de
视台转载最多的媒体，在全球信息交流中代表中国的声音。它的

guān fāng wǎng zhǐ shì
官方网址是：http://www.chinadaily.com.cn。

You can also find international newspapers and magazines from large bookstores. *China Daily* is available in bookstores and supermarkets catering to foreigners throughout China. There are also a few English magazines such as *China Today*. There are some local English language news media in China.

nǐ yě kě yǐ cóng yì xiē dà xíng shū diàn zhǎo dào guó
你也可以从一些大型书店找到国

jì bǎn de bào zhǐ hé zá zhì　　zhōng guó rì bào　　zài
际版的报纸和杂志。《中国日报》在

quán guó miàn xiàng wài guó rén de shū diàn hé chāo shì dōu yǒu
全国面向外国人的书店和超市都有

shòu　　hái yǒu yì xiē yīng wén zá zhì zài shòu　rú　jīn rì
售。还有一些英文杂志在售，如《今日

zhōng guó　　　zhōng guó hái yǒu yì xiē dì fāng xìng de yīng yǔ
中国》。中国还有一些地方性的英语

xīn wén méi tǐ
新闻媒体。

8.5 Radio

The Central People's Broadcasting Station is the only one in China covering the whole country. China Radio International (CRI) is the only national overseas broadcasting station in China. At present, CRI uses 44 languages in its overseas reporting work. It includes the greatest number of language services among mainstream global media organizations. Every province, autonomous region and municipality has local broadcasting stations.

guǎng bō diàn tái
广播电台

zhōng yāng rén mín guǎng bō diàn tái shì wéi yī fù gài quán guó
中央人民广播电台是唯一覆盖全国

de guǎng bō diàn tái　　zhōng guó guó jì guǎng bō diàn tái　　　shì
的广播电台。中国国际广播电台（CRI）是

zhōng guó wéi yī de quán guó xìng hǎi wài diàn tái　shǐ yòng　　zhǒng yǔ
中国唯一的全国性海外电台，使用44种语

yán jìn xíng bào dào　zài quán qiú zhǔ liú méi tǐ zhōng tí gōng zuì duō de
言进行报道，在全球主流媒体中提供最多的

yǔ zhǒng fú wù　zhōng guó měi ge shěng　zì zhì qū　zhí xiá shì dōu
语种服务。中国每个省、自治区、直辖市都

yǒu dì fāng guǎng bō diàn tái
有地方广播电台。

8.6 Television

China's television industry has grown into a complete system with high-tech program production, transmission and coverage. China Central Television (CCTV), is China's largest and most powerful national television station. On December 18, 2018, China Central Television (CCTV) ranked 64th in the "Top 500 World Brands 2018" compiled by the World Brand Laboratory.

diàn shì
电视

zhōng guó de diàn shì yè yǐ fā zhǎn chéng wéi yí gè wán
中国的电视业已发展成为一个完
zhěng de xì tǒng yōng yǒu gāo kē jì de jié mù zhì zuò chuán bō
整的系统，拥有高科技的节目制作、传播
hé fù gài zhōng guó zhōng yāng diàn shì tái shì zhōng guó zuì dà de
和覆盖。中国中央电视台是中国最大的
guó jiā diàn shì tái nián yuè rì shì jiè pǐn pái shí
国家电视台。2018年12月18日，世界品牌实
yàn shì biān zhì de shì jiè pǐn pái qiáng jiē xiǎo
验室编制的《2018世界品牌500强》揭晓，
zhōng guó zhōng yāng diàn shì tái pái míng dì wèi
中国中央电视台排名第64位。

CCTV is an important news media organization in China.It is one of the most internationally competitive and communicative media in China today. It has the dissemination of news and society. Education, cultural entertainment, information services and other functions are the main channels for the public to obtain information from the whole country, and also an important window for China to understand the world and the world to understand China.

zhōng yāng diàn shì tái shì zhōng guó zhòng yào de xīn wén yú lùn jī gòu shì dāng jīn zhōng guó zuì jù
中央电视台是中国重要的新闻舆论机构，是当今中国最具
guó jì jìng zhēng lì chuán bō lì de zhǔ liú méi tǐ zhī yī jù yǒu chuán bō xīn wén shè huì jiào yù wén
国际竞争力、传播力的主流媒体之一，具有传播新闻、社会教育、文
huà yú lè xìn xī fú wù děng duō zhǒng gōng néng shì quán guó gōng zhòng huò qǔ xìn xī de zhǔ yào qú dào
化娱乐、信息服务等多种功能，是全国公众获取信息的主要渠道，
yě shì zhōng guó liǎo jiě shì jiè shì jiè liǎo jiě zhōng guó de zhòng yào chuāng kǒu
也是中国了解世界、世界了解中国的重要窗口。

Up to now, CCTV has 42 TV channels, including 29 open channels and 13 digital pay channels, with a total of 529 TV programs. The program production and broadcasting achieved high-definition networked file, with a total annual broadcast of 338,000 hours. Users of CCTV cover more than 210 countries and regions.

jié zhì mù qián zhōng yāng diàn shì tái yōng yǒu gè diàn shì pín dào qí zhōng miǎn fèi pín dào
截至目前，中央电视台拥有42个电视频道，其中免费频道29
gè shù zì fù fèi pín dào gè gòng kāi bàn gè diàn shì lán mù jié mù zhì bō shí xiàn gāo qīng
个，数字付费频道13个，共开办529个电视栏目。节目制播实现高清

化、网络化和文件化，年播出总量33.8万小时。中央电视台的用户
覆盖210多个国家和地区。

8.7 CGTN

CGTN (China Global Television Network) is part of the China Central Television (CCTV), based in Beijing. CGTN was officially launched on December 31, 2016, including 6 TV channels, 3 overseas sub-stations, and one video news agency (International Vision). It is the only television media in the world using 6 kinds of UN working languages to uninterruptedly spread information. It has basically established a three-dimensional, diversified and integrated international communication system covering the whole world.

中国国际电视台

中国国际电视台（CGTN）是中央电视台的一部分，总部在北京。中国国际电视台于2016年12月31日正式开播，包括6个电视频道、3个海外分台、1个视频通讯社（国际视通），是全球唯一使用6种联合国工作语言不间断对外传播的电视媒体，基本建立覆盖全球的立体多样、融合发展的国际传播体系。

8.8 The Internet

Since the mid-1990s, the nation's online media have developed rapidly. In February 2019, the China Internet Network Information Center (CNNIC), the organization that administers the Chinese portion of the Internet, released its 43rd *Statistical Survey Report on Internet Development in China*. According to the report, as of December 2018, the number of Internet users in China was 829 million. As of December 2018, China's users of network news reached 675 million, accounting for 81.4% of all netizens, and the users of mobile network news reached 653 million, accounting for 79.9% of mobile netizens. From the perspective of the internal structure of the media industry, mobile Internet accounts for nearly half of the market share, while the traditional media market is still declining as a whole. Internet advertising and online games have become the pillars in the media industry.

^{hù liánwǎng}
互联网

自20世纪90年代中期以来，中国的网络媒体发展迅速。2019年2月，管理中国互联网部分的中国互联网络信息中心发布了第43期《中国互联网发展统计调查报告》。报告称，截至2018年12月，我国网民规模为8.29亿。截至2018年12月，中国的网络新闻用户规模达6.75亿，占全体网民的81.4%；手机网络新闻用户规模达6.53亿，占手机网民的79.9%。从传媒产业内部结构来看，移动互联网的市场份额接近一半，传统媒体市场仍持续整体衰落。互联网广告和网络游戏已成为传媒产业的支柱。

On August 14th, 2019, the Internet Society of China and the Information Center of Ministry of Industry and Information Technology Ministry jointly released the list of top 100 Internet companies in China in 2019.

2019年8月14日，中国互联网协会、工业和信息化部信息中心联合发布了2019年中国互联网企业100强榜单。

学汉字
Character Learning

互联网 the Internet

网民 netizen

网络游戏 online games

Top 10 Internet Companies in China (2019)

Ranking	Name (In Brief)	Major Brands
1	Alibaba	Taobao, Aliyun , Gaode
2	Tencent	WeChat, QQ, Tencent
3	Baidu	Baidu, Iqiyi
4	Jingdong	JD.com, JD Logistics, JD Cloud
5	Ant FinancialServices	Alipay, Zhima Credit,Ant Forest
6	Netease	Netease Mailbox, Netease Strict Selection, Netease News

Ranking	Name (In Brief)	Major Brands
7	Meituan Dianping	Meituan, Dianping (Public Comments), Meituan Waimai (Mei Tuan Takeaway)
8	Beijing ByteDance Tech.	Tik Tok, Today's Headlines
9	360 Technology	360 Security Guard, 360 Browser
10	Sina Corporation	Sina, Weibo

zhōngguó hù liánwǎng qǐ yè shíqiáng
中国互联网企业十强（2019）

páimíng 排名	gōng sī zhōngwén jiǎnchēng 公司中文简称	zhǔyào pǐn pái 主要品牌
1	ā lǐ bā bā 阿里巴巴	táobǎo ā lǐ yún gāo dé 淘宝、阿里云、高德
2	téngxùn 腾讯	wēi xìn téngxùnwǎng 微信、QQ、腾讯网
3	bǎi dù 百度	bǎi dù ài qí yì 百度、爱奇艺
4	jīngdōng 京东	jīngdōngshāngchéng jīngdōng wù liú jīngdōngyún 京东商城、京东物流、京东云
5	mǎ yǐ jīn fú 蚂蚁金服	zhī fù bǎo zhī ma xìnyòng mǎ yǐ sēn lín 支付宝、芝麻信用、蚂蚁森林
6	wǎng yì 网易	wǎng yì yóuxiāng wǎng yì yánxuǎn wǎng yì xīnwén 网易邮箱、网易严选、网易新闻
7	měituán 美团	měituán dà zhòngdiǎnpíng měituánwàimài 美团、大众点评、美团外卖
8	zì jié tiàodòng 字节跳动	dǒu yīn jīn rì toutiáo 抖音、今日头条
9	qí hǔ 360 奇虎360	ān quánwèi shì liú lǎn qì 360安全卫士、360浏览器
10	xīn làng 新浪	xīn làngwǎng wēi bó 新浪网、微博

Additional Information

Alibaba Group

Alibaba Network Technology Co., Ltd., a China e-commerce company, generally refers to Alibaba Group, was founded in 1999 in Hangzhou, Zhejiang Province by 18 people headed by Jack Ma, an English teacher.

The Alibaba Group operates a number of businesses and also supports the business ecosystem from the businesses and services of its affiliates. Business and related company's business includes: Taobao, Tmall, AliExpress, Alibaba International Exchange, 1688, Ali Mama, Aliyun, Ant Financial, CAINIAO.

Taobao

Founded in 2003, Taobao is a business-oriented social platform that provides consumers with a sense of engagement and personalization through big data analytics. On Taobao, consumers can get highly relevant, engaging content and real-time updates from merchants to capture product and trend information and interact with other consumers or favorite businesses and brands. The businesses on the platform are mainly self-employed and small businesses.

Tmall

Established in 2008, Tmall is committed to providing consumers with a quality shopping experience with branded products. A number of international and Chinese local brands and retailers have opened stores on Tmall.

AliExpress

Founded in 2010, AliExpress is a retail platform for consumers around the world, with major buyers including Russia, the United States, Brazil, Spain, France and the United Kingdom. Consumers around the world can purchase products directly from Chinese manufacturers and distributors through AliExpress.

Business Model

Alibaba's core business is the e-commerce. The core of Alibaba's business ecosystem is data sharing.

On September 19, 2014, Alibaba Group was officially listed on the New York Stock Exchange under the ticker symbol "BABA".

On July 19, 2018, the global simultaneous *Fortune* Global 500 list was released, and Alibaba Group ranked 300. In December 2018, Alibaba was nominated for the Top 20 of the 2018 World Brand.

ā lǐ bā bā jí tuán
阿里巴巴集团

阿里巴巴网络技术有限公司(简称:阿里巴巴集团)是中国一家电子商务公司,是以曾担任英语教师的马云为首的18人于1999年在浙江杭州创立的公司。

阿里巴巴集团经营多项业务，并通过子公司的业务和服务支持商业生态系统。相关公司的业务包括：淘宝网、天猫、全球速卖通、阿里巴巴国际交易市场、1688、阿里妈妈、阿里云、蚂蚁金服、菜鸟联盟等。

淘宝网

淘宝网创立于2003年，是一个商品交易平台，通过大数据分析为消费者提供既有参与感又具个性化的购物体验。在淘宝网上，消费者能够从商家处获取高度相关、具吸引力的内容及实时更新，从而掌握产品与潮流资讯并与其他消费者或喜爱的商家和品牌互动。平台上的商家主要是个体户和小企业。

天猫

天猫创立于2008年，致力为消费者提供选购品牌产品的优质购物体验。多个国际和中国本地品牌及零售商已在天猫上开设店铺。

全球速卖通

全球速卖通创立于2010年，是为全球消费者开设的零售平台，其主要买家市场包括俄罗斯、美国、巴西、西班牙、法国和英国。世界各地的消费者可以通过全球速卖通直接从中国制造商和分销商处购买产品。

业务模式

阿里巴巴以电商业务为核心，其商业生态系统的核心是数据共享。

2014年9月19日，阿里巴巴集团在纽约证券交易所正式挂牌上市，股票代码"BABA"。

2018年7月19日，全球同步《财富》世界500强排行榜发布，阿里巴巴集团排名第300位。2018年12月，阿里巴巴入围2018世界品牌20强。

EXERCISES

Ⅰ **Fill in the blanks.**

1. _____ is the biggest newspaper group in China.

2. _____ is the only radio station in China covering the whole country.

3. _____ is the first and only national English daily since the founding of the People's Republic of China.

4. _____ is China's largest and most powerful national television station.

5. CGTN (China Global Television Network) is a Chinese international _____ _____ -language news channel of the State-owned China Global Television Network group, part of the China Central Television (CCTV), based in Beijing.

Ⅱ **Match the following two columns.**

1. 报纸	A. radio
2. 电台	B. channel
3. 中国国际广播电台	C. newspaper
4. 互联网	D. China Radio International
5. 频道	E. Internet

Ⅲ **Answer the following questions.**

1. Can you say something about a Chinese TV station you are familiar with?

2. Which medium gives you more help when learning information about China, newspapers, television, radio, or the Internet? And what is your experience?

Lesson 9
Food and Drink

9.1 Fundamental Information

Chinese food and drink attach a special meaning towards the Chinese people. They have a common saying: "The masses regard food as their heaven", which means that food is people's primal want. Eating does not just mean to fill the stomach. Having food at one's disposal, being able to consume a good amount of food, and knowing what and how to eat are all viewed as a good fortune.

zhōng guó cān yǐn jiǎn jiè
中国餐饮简介

xué hàn zì
学汉字
Character Learning

yǐn shí
饮食 food and drink
hǎo yùn
好运 a good fortune

yǐn shí duì zhōng guó rén yǒu zhe tè shū de yì yì　　yǒu
饮食对中国人有着特殊的意义。有

jù sú yǔ jiào　mín yǐ shí wéi tiān　　zhè yì wèi zhe shí wù
句俗语叫"民以食为天",这意味着食物

shì rén men zhǔ yào de xū qiú　　chī bù jǐn yì wèi zhe tián bǎo
是人们主要的需求。吃不仅意味着填饱

dù zi　　hái yào néng zì zhǔ zhī pèi shí wù　　néng xiǎng yòng dà
肚子,还要能自主支配食物,能享用大

liàng měi shí　zhī dao chī shén me　zěn me chī　dōu bèi shì wéi yì zhǒng hǎo yùn
量 美食。知 道 吃 什 么、怎 么 吃，都 被 视 为 一 种 好 运。

Tea is China's national drink. Good tea is a perfect mixture of tea leaves, water and vessel. People with high demand on tea drinking like to steep tea with snow on flowers, spring or rain, which can best present the flavor of tea leaves. Tea drinking fans usually enjoy the beauty and feel of teapots. Good tea vessels can preserve heat, make flavor more natural and lingering. Beautifully shaped and elegantly colored, those vessels are graceful works of art, making tea drinking an action of art, elegance and romance.

chá shì zhōng guó de guó yǐn　　yì hú hǎo chá shì chá yè　 shuǐ
茶 是 中 国 的 国 饮。一 壶 好 茶 是 茶 叶、水
hé róng qì de wán měi jié hé　　duì chá yǒu jiǎng jiu de rén xǐ huan
和 容 器 的 完 美 结 合。对 茶 有 讲 究 的 人 喜 欢
yòng huā shang de xuě shuǐ　quán shuǐ huò zhě yǔ shuǐ pào chá　zhè yàng cái
用 花 上 的 雪 水，泉 水 或 者 雨 水 泡 茶，这 样 才
néng tǐ xiàn chū chá de zuì jiā wèi dao　chá mí men tōng cháng fēi cháng
能 体 现 出 茶 的 最 佳 味 道。茶 迷 们 通 常 非 常
jiǎng jiu chá jù de měi guān hé chù gǎn　hǎo de chá jù néng bǎo wēn
讲 究 茶 具 的 美 观 和 触 感。好 的 茶 具 能 保 温，
shǐ chá xiāng gèng jiā běn zhēn　chí jiǔ　zào xíng hé sè cǎi yōu měi de
使 茶 香 更 加 本 真、持 久。造 型 和 色 彩 优 美 的
chá jù shì yōu yǎ de yì shù pǐn　tā men néng shǐ hē chá biàn de yì
茶 具 是 优 雅 的 艺 术 品，它 们 能 使 喝 茶 变 得 艺
shù　yōu yǎ hé làng màn
术、优 雅 和 浪 漫。

xué hàn zì
学汉字
Character Learning

chá
茶 tea
shuǐ
水 water
chá jù
茶具 tea vessel

9.2 Eight Main Regional Cuisines

Chinese cuisine originated from various parts of China. The regional cultures in China differentiate greatly from each other, giving rise to different styles of food. It is also widely seen as representing one of the richest and most diverse culinary cuisines and heritages in the world.

bā dà cài xì
八大菜系

zhōng guó cài qǐ yuán yú zhōng guó gè dì　zhōng guó de dì yù wén huà chā yì hěn dà　xíng chéng le
中 国 菜 起 源 于 中 国 各 地。中 国 的 地 域 文 化 差 异 很 大，形 成 了
bù tóng de shí wù fēng gé　rén men pǔ biàn rèn wéi　zhōng guó cài xì zuì fēng fù　zuì duō yàng huà　shì shì
不 同 的 食 物 风 格。人 们 普 遍 认 为，中 国 菜 系 最 丰 富、最 多 样 化，是 世
jiè pēng rèn yí chǎn zhī yī
界 烹 饪 遗 产 之 一。

Traditionally there are eight main regional cuisines, or Eight Great Traditions: Anhui (Hui cuisine), Cantonese (Yue cuisine), Fujian (Min cuisine), Hunan (Xiang cuisine), Jiangsu (Su cuisine), Shandong (Lu cuisine), Sichuan (Chuan cuisine) and Zhejiang (Zhe cuisine). Sometimes four of the Eight Great Traditions are given greater emphasis, and are considered to be the dominate culinary heritage of China. They are notably defined along geographical lines: Sichuan (Western China), Cantonese (Southern China), Shandong (Northern China), as well as Huaiyang Cuisine (Eastern China), a major style derived from Jiangsu cuisine and even viewed as the representation of that region's cooking.

传统上，中国主要有八个菜系：安徽（徽菜）、广东（粤菜）、福建（闽菜）、湖南（湘菜）、江苏（苏菜）、山东（鲁菜）、四川（川菜）、浙江（浙菜）。在八大菜系中，有四大菜系更受人们青睐，并被认为是中国菜肴的主要遗产。这四大菜系依据它们产生的地理区域命名：四川菜（中国西部）、广东菜（中国南部）、山东菜（中国北部），以及淮扬菜（中国东部）。淮扬菜是江苏菜的一种主要类型，甚至被视为该地区菜肴的代表。

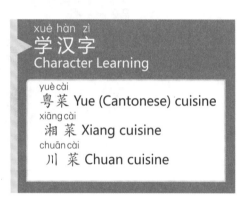

学汉字
Character Learning

粤菜 Yue (Cantonese) cuisine
湘菜 Xiang cuisine
川菜 Chuan cuisine

9.3 Typical Chinese Dishes
中国常见菜名

Cuisine 菜系	English 英语	Characters 汉字	Picture 图片
Cantonese Cuisine 粤菜（广东菜）	White Cut Chicken	白切鸡	
Chuan Cuisine 川菜（四川菜）	Sichuan Hot Pot	四川火锅	

Cuisine 菜系	English 英语	Characters 汉字	Picture 图片
Lu Cuisine lǔ cài　shāndōng cài 鲁菜（山东菜）	Braised Sea Cucumber with Scallion	cōngshāo hǎishēn 葱烧海参	
Su Cuisine sū cài　huáiyáng cài 苏菜（淮扬菜）	Sweet and Sour Mandarin Fish	sōngshǔ guì yú 松鼠鳜鱼	
Min Cuisine mǐn cài　fú jiàn cài 闽菜（福建菜）	Buddha Jumping Wall (Sea Food and Poultry Casserole)	fó tiàoqiáng 佛跳墙	
Xiang Cuisine xiāng cài　hú nán cài 湘菜（湖南菜）	Steamed Fish Head with Diced Spicy Red Peppers	duò jiāo yú tóu 剁椒鱼头	
Hui Cuisine huī cài　ān huī cài 徽菜（安徽菜）	Soy Braised Mandarin Fish	hóngshāo 红烧 chòu guì yú 臭鳜鱼	
Zhejiang Cuisine zhè cài　zhèjiāng cài 浙菜（浙江菜）	Dongpo Pork (Stir-fried Pork)	dōng pō ròu 东坡肉	

9.4 Use of Chopsticks

There are two important things to remember for effective use of chopsticks. One is that the two lower ends must be even, that is, one must not protrude over the other. The other condition is that the two chopsticks must be in the same plane. Place the first (lower) chopstick in the base of the thumb and index finger and rest its lower end below on the ring

finger. This chopstick remains fixed. Hold the other (upper) chopstick between the tips of the index and middle fingers, steady its upper half against the base of the index finger, and use the tips of the thumb to keep it in place. To pick up food, move the upper chopstick with index and middle fingers. With a little practice, you will be able to use chopsticks with ease.

筷子的用法
kuài zi de yòng fǎ

用好筷子，有两件事需要记住：一是两根筷子低端必须是对齐的，也就是说，一根筷子的低端不能突出在另一根上面；另一个条件是两根筷子必须保持在同一平面上。将第一根（较低的）筷子放在拇指和食指的根部之间，将筷子的下端放在无名指的下端。这根筷子是固定的。用食指和中指的前端夹住另一根（上边的）筷子，将上半根筷子靠在食指的根部，用大拇指的指尖保持筷子的位置。夹住食物，用食指和中指移动上边的筷子。只要稍加练习，你就能自如地使用筷子了。

学汉字 xué hàn zì
Character Learning

筷子 chopsticks kuài zi
拇指 thumb mǔ zhǐ
食指 index finger shí zhǐ

9.5 Chinese Tea

中国茶 zhōngguóchá

Tea is the national drink in China. In addition to its prominence in Chinese culture, tea also claims many health benefits, making it a popular drink worldwide. According to the degree of fermentation and processing, Chinese tea can be classified into different types. The main classes of Chinese tea are green tea, yellow tea, white tea, oolong tea, black tea, dark tea or fermented tea and Pu'er tea.

茶是中国的国饮。除了在中国文化中的突出地位，茶还有许多健康益处，这使它成为了一种风靡全球的饮料。根据不同的发

jiào hé jiā gōng chéng dù　zhōng guó chá kě yǐ fēn wèi
酵和加工程度，中国茶可以分为

bù tóng de zhǒng lèi　zhōng guó chá de zhǔ yào zhǒng lèi
不同的种类。中国茶的主要种类

yǒu lǜ chá huáng chá bái chá wū lóng chá hóng chá
有绿茶、黄茶、白茶、乌龙茶、红茶、

hēi chá huò fā jiào chá　yǐ jí pǔ ěr chá
黑茶或发酵茶，以及普洱茶。

China's Famous Teas

zhōng guó míng chá
中 国 名 茶

Tea Name	Translated Name	Type
xī hú lóng jǐng 西湖龙井	Dragon Well	Green tea
dòng tíng bì luó chūn 洞庭碧螺春	Green Snail Spring	Green tea
ān xī tiě guān yīn 安溪铁观音	Iron Goddess	Oolong tea
huáng shān máo fēng 黄山毛峰	Fur Peak	Green tea
jūn shān yín zhēn 君山银针	Silver Needle	Yellow tea
qí mén hóng chá 祁门红茶	Qi Men Red Tea	Black tea
wǔ yí yán chá 武夷岩茶	Big Red Robe	Oolong tea
liù ān guā piàn 六安瓜片	Melon Seed	Green tea
bái háo yín zhēn 白毫银针	White Fur Silver Needle	White tea
yún nán pǔ ěr 云南普洱	Pu'er Tea	Post-fermented tea

Additional Information

Chinese Food Symbolism

In China, foods are given particular meanings so that a type of food can only be
eaten by some specific individuals on certain occasion, or must be eaten on specific

occasion.

Noodles are the symbol of longevity in Chinese culture. They are as much a part of Chinese birthday celebration as a birthday cake with lit candles is in many countries, so that youngsters or seniors all will have a bowl of Long Life Noodle in the expectation of a healthy life.

Eggs symbolize fertility in Chinese culture. After a baby is born, parents give friends and relatives boiled eggs to announce the birth. The number of eggs usually depends on the gender of the child: An even number will be delivered for a boy and an odd number for a girl.

Fish also play a large role in festive celebrations. The Chinese word for fish "Yu" sounds like the homophonic words both for wish and abundance. As a result, on New Year's Eve it is customary to serve a fish for dinner, symbolizing the wish for accumulations of prosperity and wealth in the coming year. In addition, the fish is served whole, with head and tail attached, symbolizing a good beginning and ending for the coming year.

Ducks represent fidelity in Chinese culture. If you are ever invited to a Chinese wedding banquet, don't be surprised to spot a mouthwatering platter of Peking duck on the banquet table. Also, red dishes are featured at weddings as red is the color of happiness. (You may find them served at New Year's banquets for the same reason.)

Chicken forms part of the symbolism of the dragon and phoenix in Chinese culture. At a Chinese wedding, chicken's feet, referred to as phoenix feet, are often served with dragon foods such as lobster. Chicken is also popular at Chinese New Year, symbolizing a good marriage and the coming together of families, and serving the bird whole emphasizes family unity.

Seeds (lotus seeds, watermelon seeds, etc.) represent bearing many children in Chinese culture. Visit an Asian bakery during the Chinese New Year, and you're likely to find a wide assortment of snacks with different types of seeds in them.

There are other foods, snacks and fruits which symbolize good wishes under special circumstances, including dried bean curd, Chinese dates, peanuts, pomelos and oranges, etc.

中国食物的象征意义

在中国,食物被赋予了特殊的意义,所以某种食物只能在特定的场合由某位特定的个人食用,或者必须在特定的场合食用。

面条在中国文化中是长寿的象征，是中国人生日庆祝活动的一部分，就像许多国家人过生日要点燃蛋糕上的蜡烛一样。因此，在中国，无论是年轻人还是老年人，过生日都会吃一碗长寿面，以期望身体健康。

鸡蛋在中国文化中象征着生育能力。婴儿出生后，父母会给亲戚、朋友送煮熟的鸡蛋来宣布孩子的出生。一般来说，孩子的性别决定了鸡蛋的数量：偶数表示生的是男孩，奇数表示生的是女孩。

鱼在节日庆祝中也扮演着重要的角色。鱼在中文里发音和"余"相同，"余"有"希望"和"富足"的意思。因此，除夕夜的晚宴上有鱼是习俗，它象征着人们在新的一年里对成功和财务的期望。此外，鱼必须整条上桌，鱼头和鱼尾相连，象征着新的一年的开始和结束都圆满。

鸭子在中国文化中代表忠诚。如果你受邀参加中国的婚宴，当你看到餐桌上令人垂涎欲滴的北京烤鸭时，不要惊讶。此外，红色菜肴是婚礼的特色，因为红色是幸福的颜色。(你可能会发现，在新年宴会上，出于同样的原因，也会有红色菜肴。)

鸡在中国文化中是龙和凤的象征。在中国的婚礼上，鸡爪被喻为"凤爪"，通常与像龙虾之类的"龙食"一起出现在餐桌上。鸡在中国新年也很受欢迎，象征着美满的婚姻和家庭团聚，而吃整鸡则强调家庭的团结。

种子——莲子、西瓜子等等——在中国文化中代表多生多育。在中国新年期间，如果你去亚洲人面包店，你会发现各种各样的小吃里有不同的种子。

hái yǒu qí tā yì xiē shí wù líng shí hé shuǐ guǒ zài tè shū qíng jìng zhōng xiàng zhēng zhe měi hǎo de zhù
还有其他一些食物、零食和水果在特殊情境中象征着美好的祝

yuàn bāo kuò dòu fu gān zǎo zi huā shēng yòu zi hé chéng zi děng děng
愿，包括豆腐干、枣子、花生、柚子和橙子等等。

EXERCISES

Ⅰ Fill in the blanks.

1. They have a common saying: "_____",
   which means that food is people's primal want.

2. Good tea is a perfect mixture of _____, water and vessel.

3. Traditionally, there are eight main regional cuisines: _____
   _____, Cantonese (Yue cuisine), _____, Hunan (Xiang cuisine),
   _____, Shandong (Lu cuisine), Sichuan (Chuan
   cuisine) and Zhejiang (Zhe cuisine).

4. To use the chopsticks, we should place the first (lower) chopstick in the base of
   the thumb and _____ and rest its lower end below
   on _____.

5. The main classes of Chinese tea are _____, yellow tea, white tea,
   oolong tea, _____, dark tea and Pu'er tea.

6. Pu'er tea grows mainly in _____.

Ⅱ Match the two columns.

1. 拇指   A. black tea
2. 食指   B. index finger
3. 无名指 C. Oolong tea
4. 中指   D. thumb
5. 乌龙茶 E. Pu'er tea
6. 红茶   F. ring finger
7. 普洱茶 G. middle finger

Ⅲ **Put the following dishes into the proper columns.**

A. 葱烧海参　　B. 白切鸡　　C. 松鼠鳜鱼　　D. 四川火锅　　E. 佛跳墙

F. 红烧臭鳜鱼　　G. 剁椒鱼头　　H. 东坡肉

粤菜（Cantonese Cuisine）	川菜（Chuan Cuisine）	鲁菜（Lu Cuisine）	苏菜（Su Cuisine）	闽菜（Min Cuisine）	湘菜（Xiang Cuisine）	徽菜（Hui Cuisine）	浙菜（Zhe Cuisine）

Ⅳ **Answer the following questions.**

1. What do you know about China's eight main regional cuisines or Eight Great Traditions?

2. Tell us the food and drink in your home country.

Lesson 10

Tourism

10.1 China's Tourism in Brief

Thanks to its rich tourism resources — high mountains, elegant rivers, springs and waterfalls, rich and varied folk customs, rare species, scenic spots and historical sites, distinctive opera, music and dance, and world-famous cuisine — China attracts a large number of domestic and foreign tourists every year.

zhōngguó lǚ yóu yè jiǎn jiè
中 国旅游业简介

zhōng guó yǐ qí fēng fù de lǚ yóu zī yuán   gāo shān xiù
中 国 以 其 丰 富 的 旅 游 资 源 —— 高 山 秀

shuǐ wēnquán pù bù   fēng fù duō yàng de mín sú fēng qíng   zhēn xī wù
水 、温 泉 瀑 布、丰 富 多 样 的 民 俗 风 情、珍 稀 物

zhǒng míngshèng gǔ jì   dú jù tè sè de xì qǔ   yīn yuè   wǔ dǎo
种 、名 胜 古 迹、独 具 特 色 的 戏 曲、音 乐、舞 蹈

hé shì jiè wén míng de měi shí   měi nián xī yǐn dà liàng de guó nèi
和 世 界 闻 名 的 美 食 —— 每 年 吸 引 大 量 的 国 内

wài yóu kè
外 游 客 。

Tourism in China has greatly expanded over the last few decades since the beginning of reform and opening. China has become one of the world's most-watched and hottest tourist destinations.

gǎi gé kāi fàng yǐ lái de jǐ shí nián lǐ zhōng guó de lǚ yóu yè yǒu le hěn dà de fā zhǎn zhōng
改革开放以来的几十年里，中国的旅游业有了很大的发展。中
guó yǐ jīng chéng wéi shì jiè shang zuì shòu guān zhù hé zuì rè mén de lǚ yóu mù dì dì zhī yī
国已经成为世界上最受关注和最热门的旅游目的地之一。

"Horse Stepping on Flying Swallow" is a masterpiece of bronze sculpture from the Han Dynasty, China. Now it is a symbol of our tourist industry, representing the takeoff of the Chinese nation.

mǎ tà fēi yàn shì zhōng guó hàn dài qīng tóng diāo sù de yì
《马踏飞燕》是中国汉代青铜雕塑的一
duǒ qí pā xiàn wéi wǒ guó de lǚ yóu biāo zhì xiàng zhēng zhe zhōng
朵奇葩，现为我国的旅游标志，象征着中
huá mín zú de téng fēi
华民族的腾飞！

10.2 China's Top 10 Tourist Destinations

zhōng guó shí dà lǚ yóu mù dì dì
中国十大旅游目的地

Top 1   Beijing

Beijing is one of the six ancient cities in China together with Xian, Luoyang, Kaifeng, Nanjing and Hangzhou. It served as the capital for the dynasties such as Jin (1115 AD—1234 AD), Yuan (1279 AD—1368 AD), Ming (1368 AD—1644 AD) and Qing (1644 AD—1911 AD).

běi jīng
北京

běi jīng yǔ xī ān luò yáng kāi fēng nán jīng hé háng
北京与西安、洛阳、开封、南京和杭
zhōu tóng wéi zhōng guó liù dà gǔ dōu zhī yī tā céng shì jīn
州同为中国六大古都之一。它曾是金
gōng yuán nián nián yuán gōng yuán
(公元1115年—1234年)、元(公元1279
nián nián míng gōng yuán nián
年—1368年)、明(公元1368年—1644
nián hé qīng gōng yuán nián nián děng wáng
年)和清(公元1644年—1911年)等王
cháo de shǒu dū
朝的首都。

Top attractions in Beijing:Tiananmen Square, Forbidden City, Temple of Heaven,

Temple of Heaven in Beijing

Summer Palace, the Great Wall, Ming Tomb, Hutong, Lama Temple, Beihai Park, Beijing Capital Museum, Silk Market and more.

běi jīng de zhǔ yào jǐng diǎn tiān ān mén guǎng chǎng gù gōng tiān tán yí hé yuán cháng chéng
北京的主要景点：天安门广场、故宫、天坛、颐和园、长城、
míng shí sān líng hú tòng yōng hé gōng běi hǎi gōng yuán běi jīng shǒu dū bó wù guǎn sī chóu shì
明十三陵、胡同、雍和宫、北海公园、北京首都博物馆、丝绸市
chǎng děng
场 等。

Top 2 Xi'an

Xi'an, also called Chang'an, is the largest city in north-west China. It served as the nation's capital for 13 dynasties such as Western Zhou (11th century BC—771 BC), Qin (221 BC—206 BC), Western Han (206 BC—24 AD) and Tang (618—907) for more than 1000 years. It is famous for historical importance.

xī ān
西安

xī ān yòu míng cháng ān shì zhōng guó xī běi zuì dà de chéng shì tā shì xī zhōu gōng yuán qián
西安，又名长安，是中国西北最大的城市。它是西周（公元前
shì jì gōng yuán qián nián qín gōng yuán qián nián gōng yuán qián nián xī hàn
11世纪—公元前771年）、秦（公元前221年—公元前206年）、西汉
gōng yuán qián nián gōng yuán nián táng nián nián děng gè cháo dài de dū
（公元前206年—公元24年）、唐（618年—907年）等13个朝代的都
chéng tā yǐ qí lì shǐ zhòng yào xìng ér wén míng
城。它以其历史重要性而闻名。

Top attractions in Xi'an: Terra-cotta Army, Banpo Museum, Huaqing Hotspring, City Wall, Big Goose Pagoda, Shaanxi Provincial Museum, Xi'an Great Mosque, Forest of Stone Steles Museum and more.

xī ān de zhǔ yào jǐng diǎn bīng mǎ yǒng bàn pō bó wù guǎn huá qīng wēn quán chéng qiáng dà yàn
西安的主要景点：兵马俑、半坡博物馆、华清温泉、城墙、大雁
tǎ shǎn xī shěng bó wù guǎn xī ān dà qīng zhēn sì shí lín bó wù guǎn děng
塔、陕西省博物馆、西安大清真寺、石林博物馆等。

Top 3 Shanghai

Shanghai has two airports: Shanghai Pudong International Airport and Shanghai Hongqiao Airport. Shanghai Pudong International Airport caters for international flights while Hongqiao for domestic flights.

shàng hǎi
上海

shàng hǎi yǒu liǎng gè jī chǎng shàng hǎi pǔ dōng guó jì jī chǎng hé shàng hǎi hóng qiáo jī
上海有两个机场——上海浦东国际机场和上海虹桥机
chǎng shàng hǎi pǔ dōng guó jì jī chǎng fù zé guó jì háng bān hóng qiáo jī chǎng fù zé guó nèi háng bān
场。上海浦东国际机场负责国际航班，虹桥机场负责国内航班。

Top attractions in Shanghai: Shanghai Bund, Shanghai Jade Buddha Temple, Shanghai Yuyuan Garden, Shanghai Museum, Shanghai Xin Tian Di, Shanghai Oriental Pearl TV Tower, Shanghai Huangpu River and more.

shàng hǎi zhǔ yào jǐng diǎn shàng hǎi wài tān shàng hǎi yù fó sì shàng hǎi
上 海 主 要 景 点：上 海 外 滩、上 海 玉 佛 寺、上 海
yù yuán shàng hǎi bó wù guǎn shàng hǎi xīn tiān dì shàng hǎi dōng fāng míng zhū
豫 园、上 海 博 物 馆、上 海 新 天 地、上 海 东 方 明 珠
diàn shì tǎ shàng hǎi huáng pǔ jiāng děng
电 视 塔、上 海 黄 浦 江 等。

The Oriental Pearl TV
Tower in Shanghai

Top 4 Guilin

Located by the banks of the Li River, Guilin has gained
fame both at home and abroad for its featuring scenery: verdant
mountains, unique rockeries, crystal water, various caves,
stones of numerous shapes.

guì lín
桂林

guì lín dì chǔ lí jiāng zhī bīn yǐ qí cāng cuì de shān luán dú jù tè sè
桂 林 地 处 漓 江 之 滨，以 其 苍 翠 的 山 峦、独 具 特 色
de jiǎ shān jīng yíng tī tòu de shuǐ gè zhǒng gè yàng de dòng xué gè zhǒng xíng zhuàng de shí tou ér wén
的 假 山、晶 莹 剔 透 的 水、各 种 各 样 的 洞 穴、各 种 形 状 的 石 头 而 闻
míng yú shì
名 于 世。

Many ethnic minorities live here, including the Zhuang, Yao, Hui, Miao,
Mulao, Maonan and Dong. They add much colour to the cultural life of the city.

zhè li jū zhù zhe xǔ duō shǎo shù mín zú bāo kuò zhuàng zú yáo zú huí zú miáo zú mù láo
这 里 居 住 着 许 多 少 数 民 族，包 括 壮 族、瑶 族、回 族、苗 族、穆 劳
zú máo nán zú hé dòng zú tā men wèi zhè ge chéng shì de wén huà shēng huó zēng tiān le xǔ duō sè cǎi
族、毛 南 族 和 侗 族。他 们 为 这 个 城 市 的 文 化 生 活 增 添 了 许 多 色 彩。

Top attractions in Guilin: The Li River, the Reed Flute Cave, Elephant Trunk
Hill, Seven Star Park, Guilin Folded Brocade Hil, Fubo Hill, Solitary Beauty Hill,
Longjing Terraced Field, Fengyu Cave in Lipu County.

guì lín zhǔ yào jǐng diǎn lí jiāng lú dí dòng xiàng bí shān qī xīng gōng yuán guì lín zhé jǐn
桂 林 主 要 景 点：漓 江、芦 笛 洞、象 鼻 山、七 星 公 园、桂 林 折 锦
shān fú bō shān gū měi shān lóng jǐng tī tián lì pǔ xiàn fēng yù dòng
山、伏 波 山、孤 美 山、龙 井 梯 田、荔 浦 县 丰 裕 洞。

Top 5 Yangtze River

Yangtze River cruising should be on the list for those who travel with their
family or friends. Yangtze River is winding through the mountains and the cities
from west to east entering the East China Sea near Shanghai with a total length of
over 6,300 km, ranking the third in the world, only shorter than the Nile and the
Amazon.

cháng jiāng
长 江

duì yú nà xiē yǔ jiā rén huò péng you yì qǐ chū yóu de rén lái shuō cháng jiāng yóu chuán yīng gāi shì
对 于 那 些 与 家 人 或 朋 友 一 起 出 游 的 人 来 说，长 江 游 船 应 该 是

tā men de shǒuxuǎn cháng jiāngwān yán qū zhé zì xī xiàngdōng liú rù shàng hǎi fù jìn de dōng hǎi quán
他们的首选。长江蜿蜒曲折，自西向东流入上海附近的东海，全
cháng duōgōng lǐ wèi jū shì jiè dì sān jǐn cì yú ní luó hé hé yà mǎ xùn hé
长 6,300多公里，位居世界第三，仅次于尼罗河和亚马逊河。

Top Attractions along Yangtze River: Chongqing City, Fengdu, Baoshizhai, Wanxian, Shennong Street, Lesser Three Gorges, Three Gorges, Three Gorges Dam, Yichang City, and Wuhan City.

cháng jiāngyán àn zhǔ yào jǐng diǎn chóng qìng shì fēng dū shì bǎo shí zhài wàn xiàn shén nóng jiē
长江沿岸主要景点：重庆市、丰都市、宝石寨、万县、神农街、
xiǎo sān xiá sān xiá sān xiá dà bà yí chāng shì wǔ hàn shì
小三峡、三峡、三峡大坝、宜昌市、武汉市。

Top 6   Tibet

Tibet is a place lonely from the rest of the world with the winding hills of the high plateau and the amazing Himalayas. Today in the age of information, people can easily get to the mysterious place with jet aircraft, highways, now even trains!

xī zàng
西藏

xī zàng yǔ shì jiè qí tā dì fang bù tóng yǒu zhe wān yán de gāoyuán qiū líng hé lìng rén jīng tàn de
西藏与世界其他地方不同，有着蜿蜒的高原丘陵和令人惊叹的
xǐ mǎ lā yǎ shān zài xìn xī shí dài de jīn tiān rén men kě yǐ hěn róng yì de dào dá zhè ge shén mì de
喜马拉雅山。在信息时代的今天，人们可以很容易地到达这个神秘的
dì fang jì kě yǐ chéng fēi jī yě kě yǐ zǒugāo sù xiàn zài shèn zhì kě yǐ zuò huǒ chē
地方，既可以乘飞机，也可以走高速，现在甚至可以坐火车。

Lhasa is the political and cultural capital of Tibet. Lhasa means in Tibetan "The Land of Gods". There are numerous scenic spots and historical sites in Lhasa Tibet.

lā sà shì xī zàng de zhèng zhì wén huàzhōng xīn lā sà zài zàng yǔ zhòng dì yì si shì shén de
拉萨是西藏的政治、文化中心。拉萨在藏语中的意思是"神的
tǔ dì xī zàng lā sà yǒu xǔ duōmíngshèng gǔ jì
土地"。西藏拉萨有许多名胜古迹。

Top Attractions in Tibet: Potala Palace, Nobulingka, Drepung Monastery, Sera Monastery, Ganden Monastery and Jokhang Temple. Shigatse is the second biggest city in Tibet. Shigatse means in Tibetan "a manor where dreams can be realized". Tashilhunpo Monastery is its main historic attraction. Mt. Kailash, in western Tibet is holy to both Hinduism and Buddhism.

Potala Palace in Tibet

xī zàng zuì jù xī yǐn lì de jǐng diǎn bù
西藏最具吸引力的景点：布
dá lā gōng nuò bù lín kǎ zhé bàng sì sè
达拉宫、诺布林卡、哲蚌寺、色
lā sì gān dān sì dà zhāo sì rì kā zé
拉寺、甘丹寺、大昭寺。日喀则

shì xī zàng dì èr dà chéng shì　rì kā zé zài zàng yǔ zhōng yì wéi　shí xiàn mèng xiǎng de zhuāng yuán
是 西 藏 第 二 大 城 市。日 喀 则 在 藏 语 中 意 为"实 现 梦 想 的 庄 园"。

zhāshén lún bù sì shì xī zàng zhǔ yào de lì shǐ jǐngdiǎn　wèi yú xī zàng xī bù de kǎi lā shénshān shì yìn
扎 什 伦 布 寺 是 西 藏 主 要 的 历 史 景 点。位 于 西 藏 西 部 的 凯 拉 什 山 是 印

dù jiào hé fó jiào de shèng dì
度 教 和 佛 教 的 圣 地。

Top 7　Jiuzhaigou

Situated in the depths of the mountains in the border area of Nanping, Songpan and Pingwu counties in Aba Tibetan and Qiang Autonomous Prefecture in the northwestern Sichuan Province, Jiuzhaigou is a fairyland named after the Nine-Village Valley, which is the living place of nine Tibetan villages.

jiǔ zhài gōu
九寨沟

jiǔ zhài gōufēng jǐng qū wèi yú sì chuānshěng běi bù ā bà zàng zú qiāng zú zì zhì zhōu nánpíngxiàn
九 寨 沟 风 景 区 位 于 四 川 省 北 部 阿 坝 藏 族 羌 族 自 治 州 南 坪 县、

sōngpānxiàn píng wǔ xiànjiāo jiè chù de wànshāncóngzhōng　tā shì yí gè dé míng yú jiǔ gè zhài zi de
松 潘 县、坪 武 县 交 界 处 的 万 山 丛 中。它 是 一 个 得 名 于"九 个 寨 子 的

shān gǔ de měimiào dì fang nà lǐ yǒu jiǔ gè zàng zú cūnzhài
山 谷"的 美 妙 地 方,那 里 有 九 个 藏 族 村 寨。

Top attractions in Jiuzhaigou: Giant Panda Breeding Research Base, Qingchengshan & Dujiangyan Irrigation System, Emei Mountain and Giant Buddha of Leshan, Jiuzhaigou Scenic Area, Huanglong.

jiǔ zhài gōu de zhǔ yào jǐngdiǎn dà xióngmāo fán yù yán jiū jī dì qīngchéngshān dū jiāng yànguàn gài
九 寨 沟 的 主 要 景 点:大 熊 猫 繁 育 研 究 基 地、青 城 山 都 江 堰 灌 溉

xì tǒng é méishān hé lè shān dà fó jiǔ zhài gōufēng jǐng qū huánglóng
系 统、峨 眉 山 和 乐 山 大 佛、九 寨 沟 风 景 区、黄 龙。

Top 8　Lijiang

Lijiang is situated in Yunnan Province of south China. It has the history of over 1,300 years. Lijiang is inhabited by Naxi people. It is under the administration of the Naxi Autonomous County. It stands on a plateau at 2,600 m above sea level. It is well-known for its natural scenery and green vegetation. It has the Jade Dragon Mountain as its backdrop. The old town blends naturally with the natural scenery.

lì jiāng
丽江

lì jiāngwèi yú zhōngguónán bù de yúnnánshěng tā yǒu duōnián de lì shǐ lì jiāng shì
丽 江 位 于 中 国 南 部 的 云 南 省。它 有 1,300 多 年 的 历 史。丽 江 是

nà xī zú jū zhù de dì fang tā lì shǔ yú nà xī zú zì zhìxiàn zuò luò zài hǎi bá mǐ de gāo
纳 西 族 居 住 的 地 方,它 隶 属 于 纳 西 族 自 治 县,坐 落 在 海 拔 2,600 米 的 高

yuánshang tā yǐ zì rán fēngguāng hé lǜ sè zhí bèi ér wénmíng tā yǐ yù lóngshānwéi bèi jǐng zhè
原 上。它 以 自 然 风 光 和 绿 色 植 被 而 闻 名。它 以 玉 龙 山 为 背 景。这

ge lǎochéng qū yǔ zì ranfēngguāngróng wèi yì tǐ
个 老 城 区 与 自 然 风 光 融 为 一 体。

The local Naxi people has developed a culture called "Dong Ba Culture". Classical Naxi music has a very long history and is considered as the "living musical fossil".

dāng dì de nà xī zú xíngchéng le yì zhǒng jiào zuò dōng bā wén huà de wén huà nà xī zú gǔ
当地的纳西族形成了一种叫作"东巴文化"的文化。纳西族古
diǎn yīn yuè lì shǐ yōu jiǔ bèi yù wéi yīn yuè huó huà shí
典音乐历史悠久，被誉为"音乐活化石"。

Top atractions in Lijiang: Ancient Town Lijiang, Yulong Snow Mountain, Tiger Leaping Gorge.

lì jiāng de zhǔ yào jǐngdiǎn lì jiāng gǔ chéng yù lóng xuě shān hǔ tiào xiá
丽江的主要景点：丽江古城、玉龙雪山、虎跳峡。

Top 9　Zhangjiajie

Zhangjiajie City is located on the west mountains of Hunan Province. Under the administration of Zhangjiajie City, there is a district called Wulingyuan District where the Wulingyuan Scenic Area is located.

zhāng jiā jiè
张家界

Moutains in Zhangjiajie

zhāng jiā jiè shì wèi yú hú nán shěng xī bù
张家界市位于湖南省西部
shān qū zhāng jiā jiè shì xiá wǔ líng yuán qū shì
山区。张家界市辖武陵源区，是
wǔ líng yuán fēng jǐng qū suǒ zài dì
武陵源风景区所在地。

Top attractions in Zhangjiajie: Zhangjiajie National Forest Park, Tianzi Mountain, Suoxi Valley Nature Reserve.

zhāng jiā jiè de zhǔ yào jǐng diǎn zhāng jiā jiè
张家界的主要景点：张家界
guó jiā sēn lín gōng yuán tiān zǐ shān suǒ xī gǔ zì
国家森林公园、天子山、索溪谷自
rán bǎo hù qū
然保护区。

Top 10　The Silk Road

The Silk Road has a history of more than 2,000 years. It actually started from Chang'an (the present Xi'an, Shaanxi Province) in the east and stretched to Rome, Italy in the west. The ancient silk road went through Shaanxi, Gansu, Qinghai provinces, Ningxia Hui and Xinjiang Uygur autonomous regions and then extended over the Pamirs, further extending to Central and West Asia.

sī chóu zhī lù
丝绸之路

sī chóu zhī lù yǒu liǎngqiān duōnián de lì shǐ tā shí jì shang shì cóngdōng bù de cháng ān xiàn
丝绸之路有两千多年的历史。它实际上是从东部的长安（现

zài de shǎn xī shěng xī ān kāi shǐ yì zhí yánshēn dào xī bù de yì dà lì luó mǎ gǔ sī chóu zhī lù
在的陕西省西安）开始，一直延伸到西部的意大利罗马。古丝绸之路

jīng guò shǎn xī gān sù qīng hǎi níng xià huí zú hé xīn jiāng wéi wú ěr zì zhì qū rán hòu yánshēn zhì pà
经过陕西、甘肃、青海、宁夏回族和新疆维吾尔自治区，然后延伸至帕

mǐ ěr gāoyuán jìn yí bù yánshēn zhì zhōng yà hé xī yà
米尔高原，进一步延伸至中亚和西亚。

And finally the silk road met the east bank of the Mediterranean Sea and Eastern Europe. The Silk Road had the total length of over 2,485 miles, over half of which is within China.

zuì hòu sī chóu zhī lù tōngxiàng le dì zhōng hǎi dōng
最后，丝绸之路通向了地中海东

àn hé dōng ōu sī chóu zhī lù quáncháng duō yīng
岸和东欧。丝绸之路全长2,485多英

lǐ qí zhōng yí bàn yǐ shàng zài zhōngguó jìng nèi
里，其中一半以上在中国境内。

Top attractions along the Silk Road in China: Lanzhou, Wuwei, Zhangye, Jiayuguan Pass, Dunhuang, Hami, Turpan, Urumqi, Loulan, Korla, Kuqa (Kucha), Aksu, Kashgar (Kashi), Hotan.

zhōng guó sī chóu zhī lù yánxiàn de zhǔ yào jǐngdiǎn lán zhōu wǔ wēi zhāng yè jiā yù guān dūn
中国丝绸之路沿线的主要景点：兰州、武威、张掖、嘉峪关、敦

huáng hā mì tǔ lǔ fān wū lǔ mù qí lóu lán kù ěr lè kù chē ā kè sū kā shí hé tián
煌、哈密、吐鲁番、乌鲁木齐、楼兰、库尔勒、库车、阿克苏、喀什、和田。

The Silk Road

10.3 Travel Patterns

As one of the four oldest civilizations in the world, China is a vast land with countless tourism resources. Convenient transportation will help tourists to improve their travelling experience in China.

lǚ yóu chū xíng fāng shì
旅游出行方式

zhōng guó shì shì jiè sì dà wén míng gǔ guó zhī yī fú yuán liáo kuò lǚ yóu zī yuánfēng fù biàn
中国是世界四大文明古国之一，幅员辽阔，旅游资源丰富。便

lì de jiāotōnggōng jù jiāngbāng zhù yóu kè gǎishàn tā men zài zhōngguó de lǚ yóu tǐ yàn
利的交通工具将帮助游客改善他们在中国的旅游体验。

China Train Travel

Rail travel is a popular and inexpensive way for most Chinese people to getting around the country. The railway network of China, centered with Beijing, boasts domestic and international operations. China now has the world's largest network of high-speed railways, the CRH trains, and expansion continues at a frantic pace. High speed trains are clean, comfortable and modern. The seating is comparable to that in an airplane or even better.

中国的火车旅行

对于大多数中国人来说，铁路旅行是一种既受欢迎又便宜的出行方式。以北京为中心的中国铁路网，既有国内线路，也有国际线路。中国现在拥有世界上最大的高铁网络——CRH高铁，而且它正在以惊人的速度发展。高铁干净、舒适、现代化，座位和飞机差不多，甚至更好。

The CRH Train

China Highway Travel

China governments have built thousands of miles of highways around the country, and almost every town, counties and cities are accessible by highway.

中国高速公路旅行

中国政府在全国各地修建了数千英里的高速公路，几乎每个城镇、县和城市都有公路可达。

China Waterway Travel

There are many inland waterways in China, which played a great role in ancient transportation, and some of them are still in use today.

中国水路旅行

中国有许多内河航道，它们在古代运输中发挥了重要作用，其中一些至今仍在使用。

Yangtze River. Cruise from Chongqing to Shanghai, with many luxury cruises take visitors sailing across the famed Three Gorges and grand Three Gorges Dam.

cháng jiāng。从重庆到上海，许多豪华游轮载着游客穿越于著名
的三峡和三峡大坝。

Li River. Starting from Guilin city, a journey on the Li River cruise ship ends at the fantastic town Yangshuo.

lí jiāng。从桂林出发，漓江游轮之旅在美丽的阳朔结束。

The Jing-Hang Grand Canal, first constructed over 2500 years ago, is a 1,700-kilometer-long water conservancy beginning at Beijing and ending at Hangzhou. It is the longest canal in the world.

京杭大运河始建于2,500多年前，全长1,700余公里，它始于北京，止于杭州，是世界上最长的运河。

China's Subway

It is a good choice to getting around cities by using subway, which can save travelers time and money. There are many English signs inside the subway station.

中国的地铁

乘地铁在城市里旅行是一个很好的选择，它可以节省旅客的时间和金钱。地铁站里有很多英文标志。

China's first subway was completed in 1969 in Beijing. Up to now, about 4,600 km of metro railway is serving 33 cities in China. China has the longest metro mileage in the world. Subway has advantages of safety, fast speed and comfort. In some cities, people can use transportation cards or mobile apps to pay for metro fees. In recent years, a growing number of Chinese cities have started constructing subways. Subway has advantages of safety, fast speed and comfort. Nowadays, it is becoming increasingly convenient to ride subways in China. In some cities, people can take the subway as long as they have cards or cellphone.

1969年，中国第一条地铁完工。目前，中国33个城市建有地铁，总里程约4,600公里。中国已成为世界上地铁里程最长的国家。地铁安全、快捷、舒适。在有些城市，乘客只需用交通卡或手机支付软件就可以乘坐地铁。近年来，中国有越来越多的城市开始建设地铁。地铁具有安全、快捷和舒适的优点。如今，在中国乘坐地铁正变得越来越方便。在有些城市里，乘客只需用卡或

shǒu jī jiù kě yǐ chéng zuò dì tiě
手机就可以乘坐地铁。

Bus Rapid Transit (BRT)

Under the situation of economic development and traffic congestion in Chinese city, public transport has become an inevitable developmental trend. BRT has gained more and more attention for its fast speed, low investment, and high safety. At present there are a dozen cities opening BRT in China. BRT has a special lane, which does not allow social vehicles to enter, thus avoiding the congestion caused by too many vehicles. Therefore, bus priority is achieved.

kuài sù gōng jiāo
快速公交（BRT）

BRT

zài wǒ guó chéng shì jīng jì fā zhǎn hé jiāo
在我国城市经济发展和交
tōng yōng dǔ de xíng shì xià gōng gòng jiāo tōng yǐ
通拥堵的形势下，公共交通已
chéng wéi bì rán de fā zhǎn qū shì kuài sù gōng
成为必然的发展趋势。快速公
jiāo yǐ qí kuài sù dī tóu rù gāo ān
交(BRT)以其快速、低投入、高安
quán xìng ér shòu dào yuè lái yuè duō de guān zhù
全性而受到越来越多的关注。
mù qián zhōng guó yǒu shí jǐ gè chéng shì kāi shè
目前，中国有十几个城市开设
le yǒu zhuān mén de chē dào gāi
了BRT。BRT有专门的车道，该
chē dào bù yǔn xǔ shè huì chē liàng jìn rù zhǐ kě yǐ zǒu zhè yàng jiù bì miǎn le yīn chē liàng guò
车道不允许社会车辆进入，只可以走BRT，这样就避免了因车辆过
duō ér zào chéng de dǔ sè shí xiàn le gōng jiāo yōu xiān
多而造成的堵塞，实现了公交优先。

China Biking

With the once nickname "the kingdom of bicycles", there were many people biking in the cities, counties and villages before. With the development of public transportations, biking is not as popular as before but still available on the streets.

zhōng guó zì xíng chē
中国自行车

zhōng guó céng jīng yǒu yí gè chuò hào zì xíng chē wáng guó yǐ qián zài chéng shì xiàn hé
中国曾经有一个绰号——自行车王国。以前，在城市，县和
cūn zhuāng yǒu hěn duō hěn duō rén qí zì xíng chē suí zhe gōng gòng jiāo tōng de fā zhǎn zì xíng chē hái
村庄有很多很多人骑自行车。随着公共交通的发展，自行车还
yǒu dàn yǐ bú xiàng yǐ qián nà me liú xíng le
有，但已不像以前那么流行了。

Some people regard biking as physical sports and riding around through cities or even provinces! Guilin, Yunnan, Sichuan, Tibet are the top destinations for a biking tour in China.

yǒu xiē rén rèn wéi qí zì xíng chē shì yì zhǒng tǐ yù yùndòng zài chéng shì shèn zhì gè shěng zhī jiān
有些人认为骑自行车是一种体育运动,在城市甚至各省之间

qí xíng guì lín yún nán sì chuān xī zàng shì zhōng guó zì xíng chē lǚ yóu de shǒu xuǎn mù dì dì
骑行!桂林、云南、四川、西藏是中国自行车旅游的首选目的地。

Bike-sharing has swept across China, with an increasing number of people choosing bike riding instead of driving. The bike that the service company provides has GPS or Bluetooth on it. Shared bikes can be easily unlocked with a smart phone and left anywhere in public. Bike-sharing allows people to borrow a bike from one place and return it at another place easily. The cost of riding depends on the time that you spend. Normally, every hour you ride, you need to pay one yuan.

gòngxiǎng dān chē yǐ jīng xí juǎn zhōng guó yuè lái yuè duō de rén xuǎn zé qí zì xíng chē ér bú shì
共享单车已经席卷中国,越来越多的人选择骑自行车而不是

kāi chē yùn yíng gōng sī tí gōng de zì xíng chē shang yǒu huò lán yá zhè xiē zì xíng chē fàng zài
开车。运营公司提供的自行车上有GPS或蓝牙,这些自行车放在

gōnggòng chǎng suǒ kě yǐ hěn fāngbiàn de yòng zhì néng shǒu jī jiě suǒ gòngxiǎng dān chē ràng rén men kě
公共场所,可以很方便地用智能手机解锁。共享单车让人们可

yǐ hěn róng yì de cóng yí gè dì fang jiè dào yí liàng zì xíng chē rán hòu zài lìng yí gè dì fang huái chē
以很容易地从一个地方借到一辆自行车,然后在另一个地方还车。

qí zì xíng chē de fèi yong qǔ jué yú nǐ suǒ shǐ yòng de shí jiān tōng cháng měi qí yí gè xiǎo shí xū
骑自行车的费用取决于你所使用的时间。通常,每骑一个小时需

yào fù yì yuánqián
要付一元钱。

China's Taxi

Taxi is fast and convenient to take you to the destinations like hotels, airports, railway station and scenic spots, and the cost is really reasonable indeed compared with that in Europe and North America.

zhōng guó de chū zū chē
中国的出租车

chū zū chē kě yǐ yòu kuài yòu fāngbiàn de dài nǐ qù jiǔ diàn jī chǎng huǒ chē zhàn jǐng diǎn děng
出租车可以又快又方便地带你去酒店、机场、火车站、景点等

mù dì dì yǔ ōu zhōu hé běi měi xiāng bǐ zhōng guó de dǎ chē fèi yong què shí shì fēi cháng pián yi de
目的地。与欧洲和北美相比,中国的打车费用确实是非常便宜的。

Tipping is not needed for your taxi fare in China, but in some cities the local governments allow the taxi drivers to charge extra 1–2 *yuan* for the extra fuel tax over the amount shown on the meter.

zài zhōng guó dǎ chū zū chē bù xū yào fù xiǎo fèi dàn zài yì xiē chéng shì dāng dì zhèng fǔ
在中国,打出租车不需要付小费,但在一些城市,当地政府

yǔn xǔ chū zū chē sī jī zài jì jià qì shang xiǎn shì de shù é zhī wài shōu qǔ dào yuán de rán yóu fù
允许出租车司机在计价器上显示的数额之外收取1到2元的燃油附

jiā fèi
加费。

Ride-Hailing Service

The number of Internet car-hailing service users in China reached 330 million as of December, 2018. Didi Chuxing is a major ride-hailing company in China.

Didi Chuxing has become one of the world's largest ride-hailing companies in barely four years, serving more than 300 million customers in 400 cities in China.

dǎ chē fú wù
打车服务

jié zhì   nián   yuè   zhōng guó de hù lián wǎng
截至2018年12月，中国的互联网
dǎ chē fú wù yòng hù shùliàng dá dào   yì   dī dī chūxíng
打车服务用户数量达到3.3亿。滴滴出行
shì zhōng guó zhǔ yào de dǎ chēgōng sī   dī dī chūxíng zài duǎn
是 中 国 主 要 的 打 车 公 司。滴 滴 出 行 在 短
duǎn sì nián de shí jiān lǐ   yǐ chéng wéi quán qiú zuì dà de dǎ
短 四 年 的 时 间 里 已 成 为 全 球 最 大 的 打
chē gōng sī zhī yì   zài zhōng guó rén kǒu zuì duō de   gè
车 公 司 之 一，在 中 国 人 口 最 多 的400个
chéng shì wèi   yì duō kè hù tí gōng fú wù
城 市 为3亿多客户提供服务。

Didi offers a broad range of services for travelers including taxis, private cars, car rentals, buses and chauffeurs in its quest to move beyond traditional cab services. The company uses new technologies such as artificial intelligence to more efficiently deploy its resources.

dī dī chūxíng wèi lǚ kè tí gōngfēng fù de fú wù   bāo kuò chū zū chē   sī jiā chē   qì chē zū
滴 滴 出 行 为 旅 客 提 供 丰 富 的 服 务，包 括 出 租 车、私 家 车、汽 车 租
lìn   gōnggòng qì chē hé sī jī   yǐ chāo yuè chuán tǒng de chū zū chē fú wù   gāi gōng sī lì yòng rén
赁、公 共 汽 车 和 司 机，以 超 越 传 统 的 出 租 车 服 务。该 公 司 利 用 人
gōng zhì néngděng xīn jì shù lái gèng yǒuxiào de pèi zhì zī yuán
工 智 能 等 新 技 术 来 更 有 效 地 配 置 资 源。

Additional Information

World Cultural and Natural Heritage in China

China has many attractions on the World Cultural & Natural Heritage List. No matter what you are interested in, whether it is cultural relics, natural heritages or the combinations of both, you will unexpectedly find pleasant surprise in the country.

World Cultural Heritage Sites in China (35)

1. Ancient Building Complex in the Wudang Mountains Hubei Province (1994)
2. Ancient City of Ping Yao Shaanxi Province (1997)
3. Ancient Villages in Southern Anhui — Xidi and Hongcun Anhui Province (2000)
4. Archaeological Ruins of Liangzhu City (2019)
5. Capital Cities and Tombs of the Ancient Koguryo Kingdom Liaoning, Jilin (2004)

6. Classical Gardens of Suzhou Jiangsu Province (1997)

7. Cultural Landscape of Honghe Hani Rice Terraces Yunan Province (2013)

8. Dazu Rock Carvings Chongqing (1999)

9. Fujian Tulou Fujian Province (2008)

10. Historic Centre of Macao (2005)

11. Historic Ensemble of the Potala Palace, Lhasa Tibet (1994)

12. Historic Monuments of Dengfeng in "The Centre of Heaven and Earth" Hunan Province (2010)

13. Imperial Palaces of the Ming and Qing Dynasties in Shenyang Liaoning Province (1987)

14. Imperial Tombs of the Ming and Qing Dynasties Beijing (2000)

15. Kaiping Diaolou and Villages Guangdong Province (2007)

16. Longmen Grottoes Luoyang, Henan Province (2000)

17. Lushan National Park Jiangxi Province (1996)

18. Mausoleum of the First Qin Emperor Xian (1987)

19. Mogao Caves Dunhuang(1987)

20. Mount Qingcheng and the Dujiangyan Irrigation System Sichuan Province (2000)

21. Mount Wutai Shanxi Province (2009)

22. Mountain Resort and its Outlying Temples, Chengde Hebei Province (1994)

23. Old Town of Lijiang Yunnan Province (1997)

24. Peking Man Site at Zhoukoudian Beijing (1987)

25. Silk Roads: the Routes Network of Chang'an-Tianshan Corridor Shanxi, Henan, Gansu, Xinjiang (2014)

26. Site of Xanadu Inner Mongolia (2012)

27. Summer Palace, an Imperial Garden in Beijing Beijing (1998)

28. Temple and Cemetery of Confucius and the Kong Family Mansion in Qufu Shandong (1994)

29. Temple of Heaven: an Imperial Sacrificial Altar in Beijing (1998)

30. The Grand Canal Beijing, Tianjin, Hebei, Henan, Shandong, Anhui, Jiangsu, Zhejiang (2014)

31. The Great Wall Beijing (1987)

32. Tusi Sites Hunan, Hubei, Guizhou (2015)

33. West Lake Cultural Landscape of Hangzhou Zhejiang Province (2011)

34. Yin Xu Henan (2006)

35. Yungang Grottoes Datong, Shanxi Province (2001)

World Natural Heritage Sites in China (14)

1. Chengjiang Fossil Site, Yunnan (2012)

2. China Danxia Fujian, Hunan, Guangdong, Jiangxi, Zhejiang, Guizhou (2010)

3. Fanjing Mountain (2018)

4. Huanglong Scenic and Historic Interest Area Sichuan Province (1992)

5. Hubei Shengnongjia (2016)

6. Jiuzhaigou Valley Scenic and Historic Interest Area Sichuan Province (1992)

7. Migratory Bird Sanctuaries along the Coast of Yellow Sea-Bohai Gulf of China (Phase I) (2019)

8. Mount Sanqingshan National Park Jiangxi (2008)

9. Qinghai Hoh Xil (2017)

10. Sichuan Giant Panda Sanctuaries - Wolong, Mt Siguniang and Jiajin Mountains (2006)

11. South China Karst Guangxi, Guizhou, Chongqing (2007)

12. Three Parallel Rivers of Yunnan Protected Areas, Yunnan (2003)

13. Wulingyuan Scenic and Historic Interest Area Zhangjiajie (1992)

14. Xinjiang Tianshan (2013)

World Cultural & Natural Heritage Sites in China (4)

1. Mount Emei Scenic Area, including Leshan Giant Buddha Scenic Area Sichuan Province (1996)

2. Mount Huangshan Anhui Province (1990)

3. Mount Taishan Shandong Province (1987)

4. Mount Wuyi Fujian Province (1999)

zhōngguó de shì jiè wénhuà yí chǎn yǔ shì jiè zì rán yí chǎn
中国的世界文化遗产与世界自然遗产

zhōngguóyǒu xǔ duōmíngshèng gǔ jì bèi liè rù shì jiè wénhuà hé zì rán yí chǎnmíng lù   bù guǎn nǐ
中国有许多名胜古迹被列入世界文化和自然遗产名录。不管你

duì shén me gǎnxìng qù   wú lùn shì wén wù   zì rán yí chǎn hái shi liǎngzhě de jié hé   nǐ dōu huì zài zhè ge guó
对什么感兴趣，无论是文物、自然遗产还是两者的结合，你都会在这个国

jiā yì wài dì fā xiànjīng xǐ
家意外地发现惊喜。

zhōngguó de shì jiè wénhuà yí chǎn
中国的世界文化遗产 (35个)

hú běishěng wǔdāng shān gǔ jiànzhùqún
1. 湖北省武当山古建筑群(1994)

shān xī píngyáo gǔ chéng
2. 山西平遥古城 (1997)

wǎnnán gǔ cūn luò　　xī dì　hóngcūn
3. 皖南古村落——西递、宏村(2000)

zhōngguó liángzhǔ gǔ chéng yí zhǐ
4. 中国良渚古城遗址 (2019)

liáoníngshěng jí lín gǔ dàigāogōu lí wángguó de dū chéng hé mùzàng
5. 辽宁省吉林古代高句丽王国的都城和墓葬 (2004)

jiāng sū shěng sū zhōu shì gǔ diǎnyuán lín
6. 江苏省苏州市古典园林(1997)

yúnnánshěnghóng hé hā ní tī tiánwénhuàjǐngguān
7. 云南省红河哈尼梯田文化景观 (2013)

dà zú shí kè chóngqìng
8. 大足石刻重庆(1999)

fú jiàn tǔ lóu
9. 福建土楼(2008)

ào mén lì shǐwénhuàzhōng xīn
10. 澳门历史文化中心(2005)

xī zàng lā sà bù dá lā gōng lì shǐjiànzhùqún
11. 西藏拉萨布达拉宫历史建筑群(1994)

hú nánshěngdēngfēng tiān dì zhīzhōng lì shǐ gǔ jì
12. 湖南省登封"天地之中"历史古迹(2010)

liáoníngshěnyángmíngqīnghuánggōng
13. 辽宁沈阳明清皇宫(1987)

běijīngmíngqīnghuánglíng
14. 北京明清皇陵 (2000)

guǎngdōngshěng kāipíngdiāo lóucūn
15. 广东省开平碉楼村(2007)

hé nánshěng luòyánglóngmén shí kū
16. 河南省洛阳龙门石窟(2000)

jiāng xī shěng lú shānguó jiā gōngyuán
17. 江西省庐山国家公园 (1996)

qín shǐhuánglíng
18. 秦始皇陵(1987)

dūnhuáng mògāo kū
19. 敦煌莫高窟(1987)

qīngchéngshān yǔ dū jiāngyànguàn qū
20. 青城山与都江堰灌区(2000)

shān xī shěng wǔ tái shān
21. 山西省五台山 (2009)

hé běichéng dé bì shǔshānzhuāng jí qí wàiwéi sì miào
22. 河北承德避暑山庄及其外围寺庙(1994)

23. 云南省丽江古城（1997）

24. 北京周口店北京人遗址（1987）

25. 丝绸之路：陕西、河南、甘肃、新疆（长安—天山廊道的路网）（2014）

26. 内蒙古元上都遗址（2012）

27. 北京的皇家园林颐和园（1998）

28. 山东曲阜孔庙墓地及孔府（1994）

29. 天坛：北京的皇家祭坛（1998）

30. 京杭大运河（2014）

31. 北京长城（1987）

32. 湖南、湖北、贵州土司遗址（2015）

33. 浙江省杭州市西湖文化景观（2011）

34. 河南殷墟（2006）

35. 山西省大同市云冈石窟（2001）

中国的世界自然遗产（14个）

1. 云南澄江化石遗址（2012）

2. 中国丹霞（2010）

3. 梵净山（2018）

4. 四川省黄龙风景名胜区（1992）

5. 神农架（2016）

6. 四川省九寨沟风景名胜区（1992）

7. 中国黄（渤）海候鸟栖息地（第一期）（2019）

8. 江西三清山国家公园（2008）

　　　　　qīng hǎi kě kě xī lǐ
　　9. 青海可可西里（2017）

　　　　　　sì chuān dà xióng māobǎo hù qū   wòlóng   sì gū niang shān hé jiā jīn shān
　　10. 四川大熊猫保护区–卧龙、四姑娘山和佳金山（2006）

　　　　　nán fāngyánróng
　　11. 南方岩溶（2007）

　　　　　yúnnánsān jiāng bìng liú bǎo hù qū
　　12. 云南三江并流保护区（2003）

　　　　　zhāng jiā jiè wǔlíng yuán fēngjǐng míng shèng qū
　　13. 张家界武陵源风景名胜区（1992）

　　　　　xīnjiāngtiān shān
　　14. 新疆天山（2013）

zhōng guó shì jiè wén huà hé zì rán yí chǎn   gè
中国世界文化和自然遗产（4个）

　　　　　sì chuānshěng é méishānfēngjǐng qū   hán lè shān dà fó fēngjǐng qū
　　1. 四川省峨眉山风景区,含乐山大佛风景区（1996）

　　　　　ān huīshěnghuángshān
　　2. 安徽省黄山（1990）

　　　　　shāndōngshěng tài shān
　　3. 山东省泰山（1987）

　　　　　fú jiànshěng wǔ yí shān
　　4. 福建省武夷山（1999）

EXERCISES

Ⅰ Fill in the blanks.

1. Thanks to its rich ＿＿＿＿＿＿＿ resources, China attracts a large number of domestic and foreign tourists every year.

2. Beijing is one of the six ancient cities in China together with ＿＿＿＿＿, Luoyang, Kaifeng, Nanjing and Hangzhou.

3. ＿＿＿＿＿＿ Road had the total length of over 2,485 miles and over half of which is within China.

4. ＿＿＿＿＿＿ bikes can be easily unlocked with a smart phone and left anywhere in public.

5. China has become one of the world's most-watched and hottest ＿＿＿＿＿ ＿＿＿＿＿.

6. Located by the banks of the Li River, _____ has gained fame both at home and abroad for its featuring scenery.

7. _____ trains are clean, comfortable and modern. The seating is comparable to that in an airplane or even better.

8. _____ (BRT) has gained more and more attention for its fast speed, low investment, and high safety.

9. _____ Chuxing has become one of the world's largest ride-hailing companies in barely four years, serving more than 300 million customers in 400 cities in China.

Ⅱ Match the two columns.

1. 旅游	A. train
2. 主要景点	B. tour
3. 自行车	C. place of interest
4. 出租车	D. transportation
5. 名胜	E. railway
6. 火车	F. BRT
7. 交通	G. bike
8. 快速公交	H. taxi
9. 铁路	I. top attraction

Ⅲ Answer the following questions.

1. Talk about the top attractions you know in China. (At least 5)

2. Where would you like to visit most in China? And how will you get there?

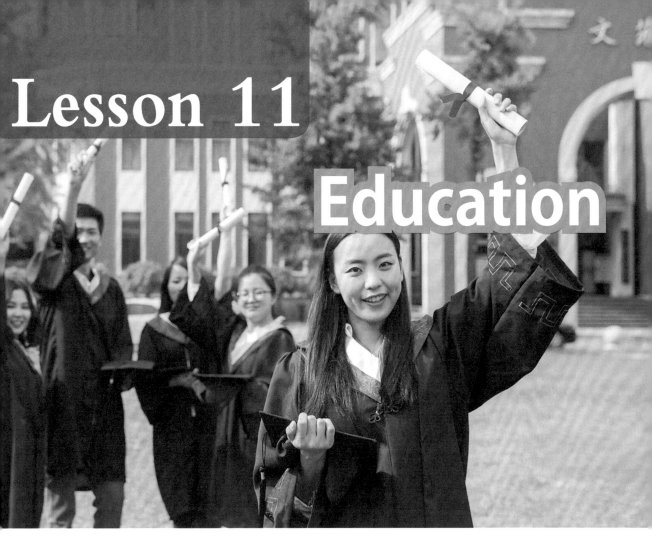

Lesson 11 Education

China has the largest state-run education system in the world. The Compulsory Education Law of China stipulates nine years of government funded compulsory school attendance, which includes six years of primary school and three years of junior high school. After graduating from junior high school, students choose between senior high school and vocational school. Senior high school students later take the national higher education entrance examination (also called Gaokao), an academic examination held annually in China, is considered the single most important exam in a student's entire life as it determines whether they are allowed to go to university.

中国拥有世界上最大的国有教育系统。《义务教育法》规定，政府出资的义务教育入学年限为九年，其中包括小学六年和初中三年。初中毕业后，学生可以选择普通高中或职业学校。高中学生随后参加全国高等教育入学考试（也称为高考），这是中国每年举行一次的学术考试，

bèi rèn wéi shì xué sheng yì shēngzhōng zuì zhòngyào de yí cì kǎo shì yīn wei tā jué dìng le tā men shì fǒu
被认为是学生一生中最重要的一次考试,因为它决定了他们是否
kě yǐ shàng dà xué
可以上大学。

China has a good teacher development system. Teaching is a well-respected profession in China. September 10th was designated Teachers' Day by the government in 1985.

zhōng guó yǒu yí gè liáng hǎo de jiào shī péi yǎng tǐ
中国有一个良好的教师培养体
xì zài zhōng guó jiào shī shì shòu rén zūn jìng de zhí yè
系。在中国,教师是受人尊敬的职业。
nián zhèng fǔ jiāng yuè rì dìngwéi jiào shī jié
1985年,政府将9月10日定为教师节。

11.1 Vocational Education

The current vocational schools mainly include secondary technical and vocational schools and higher vocational colleges. Secondary vocational schools mainly enroll junior middle school graduates with the school system of three years, aiming at cultivating middle-level skilled workers and service personnel with all-round competencies. Graduates of these schools can either choose to get jobs or to pursue further study in vocational colleges or universities. The higher vocational and technical colleges develop quickly in recent years. They enroll graduates of high schools and secondary vocational schools with a schooling of two to three years, cultivating higher practical personnel. Graduates of higher vocational and technical colleges can choose employment or apply for application-oriented universities.

zhí yè jiào yù
职业教育

dāng qián de zhí yè yuàn xiào zhǔ yào bāo kuò zhōng děng zhí yè xué xiào hé gāo děng zhí yè jì shù xué
当前的职业院校主要包括中等职业学校和高等职业技术学
yuàn zhōng děng zhí yè xué xiào zhǔ yào zhāo shōu chū zhōng bì yè shēng xué zhì nián zhǐ zài péi yǎng zhōng
院。中等职业学校主要招收初中毕业生,学制3年,旨在培养中

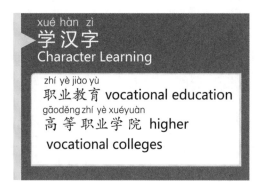

děng jì néng láo dong zhě hé fú wù rén yuán zhōng
等技能劳动者和服务人员。中
děng zhí yè xué xiào bì yè shēng kě yǐ xuǎn zé jiù
等职业学校毕业生可以选择就
yè yě kě yǐ xuǎn zé jì xù shēng xué gāo děng
业,也可以选择继续升学。高等
zhí yè jì shù xué yuàn jìn nián lái fā zhǎn jiào kuài zhǔ
职业技术学院近年来发展较快,主
yào zhāo shōu gāo zhōng bì yè shēng hé zhōng děng zhí
要招收高中毕业生和中等职
yè xué xiào bì yè shēng péi yǎng gāo jí shí yòng rén
业学校毕业生,培养高级实用人

cái xué zhì nián　　gāoděng zhí yè jì shù xué yuàn bì yè shēng kě yǐ xuǎn zé jiù yè huò bào kǎo yìng yòng
才，学制3年。高等职业技术学院毕业生可以选择就业或报考应用
xíng běn kē yuàn xiào
型本科院校。

11.2 Higher Education

China has the world's biggest higher education system, which is very well developed and systematic. Since 1977 the education system in China has experienced multiple reforms and was geared towards modernization. The number of universities has increased constantly over the past decades. By 2018, 2,663 universities and colleges had been in operation in China. Among the top 20 universities in Asia in 2019, 11 are from China.

gāoděng jiào yù
高等教育

zhōng guó yōng yǒu shì jiè shang zuì dà de gāoděng jiào yù tǐ xì　　zhè ge tǐ xì fēi cháng fā dá hé
中国拥有世界上最大的高等教育体系，这个体系非常发达和
xì tǒng huà　　　　　nián yǐ lái　　zhōng guó de jiào yù tǐ zhì jīng lì le duō cì gǎi gé　　cháo zhe xiàn dài huà
系统化。1977年以来，中国的教育体制经历了多次改革，朝着现代化
fāng xiàng fā zhǎn　　zài guò qù de jǐ shí nián lǐ　　dà xué de shù liàng bú duàn zēng jiā　　jié zhì　　　　nián
方向发展。在过去的几十年里，大学的数量不断增加。截至2018年
dǐ　　zhōng guó gòng yǒu　　　　　　suǒ dà xué　　zài　　　　　nián yà zhōu qián　　suǒ dà xué zhōng　　yǒu　　　　suǒ
底，中国共有2,663所大学。在2019年亚洲前20所大学中，有11所
lái zì zhōng guó
来自中国。

In September 2017, Chinese authorities released the list of 42 universities participating the "Double-First Class" initiative, which aims to ultimately build a number of world class universities and disciplines by the end of 2050, in an effort to make China an international higher education power. The project will run on a five-year cycle, while around 100 disciplines will be supported, including those that are related to national security and vital interests, as well as emerging and interdisciplinary subjects.

　　　　　nián　　yuè　　zhōng guó zhèng fǔ gōng bù le　　　　suǒ cān yù　　shuāng yī liú　　jiàn shè de gāo xiào
2017年9月，中国政府公布了42所参与"双一流"建设的高校
míng dān　　mù biāo shì dào　　　　　　nián dǐ jiàn chéng yì pī shì jiè yī liú dà xué hé xué kē　　shǐ zhōng guó
名单，目标是到2050年底建成一批世界一流大学和学科，使中国
chéng wéi guó jì gāoděng jiào yù qiáng guó　　gāi xiàng mù
成为国际高等教育强国。该项目
jiāng yǐ wǔ nián wéi zhōu qī yùn xíng　　tóng shí jiāng zhī chí
将以五年为周期运行，同时将支持
dà yuē　　　　　gè xué kē　　bāo kuò yǔ guó jiā ān quán hé
大约100个学科，包括与国家安全和
zhòng dà lì yì xiāng guān de xué kē　　　　yǐ jí xīn xīng
重大利益相关的学科，以及新兴
xué kē hé kuà xué kē xué kē
学科和跨学科学科。

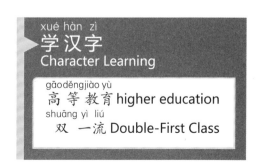

xué hàn zì
学汉字
Character Learning

gāoděng jiào yù
高等教育 higher education
shuāng yī liú
双一流 Double-First Class

11.3 Undergraduate Education

The undergraduate higher education system in China consists of a 4-year program in universities, academies and specialized institutes. The degree for this 4-year program is called bachelor. The bachelor course at some medical colleges and polytechnic institutes lasts 5 years.

běn kē jiào yù
本科教育

zhōng guó de běn kē gāo děng jiào yù tǐ xì yóu dà xué xué
中国的本科高等教育体系由大学、学

yuàn huò zhuān mén jī gòu de nián kè chéng zǔ chéng zhè zhǒng
院或专门机构的4年课程组成。这种4

nián zhì kè chéng de xué zhì suǒ huò dé de shì xué shì xué wèi
年制课程的学制所获得的是"学士"学位。

yì xiē yī xuéyuàn hé lǐ gōng xuéyuàn de xué shì kè chéng chí
一些医学院和理工学院的"学士"课程持

xù nián
续5年。

11.4 Postgraduate Education

Postgraduate education in China is completed in two to three years of study following a bachelor's degree. The master's degree also requires the conduction of research and thesis. After completing the required courses, students need to perform dissertation research. They can complete the master's program only after having obtained certain number of credits.

yán jiū shēng jiào yù
研究生教育

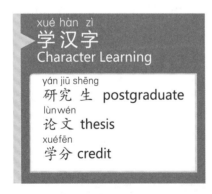

zhōng guó de yán jiū shēng jiào yù shì zài qǔ dé xué shì
中国的研究生教育是在取得学士

xué wèi hòu jīng guò liǎng dào sān nián de xué xí ér wánchéng de
学位后经过两到三年的学习而完成的。

shuò shì xué wèi shuò shì yě xū yào jìn xíng yán jiū hé lùn
硕士学位(硕士)也需要进行研究和论

wén wánchéng guī dìng de kè chéng hòu xuésheng xū yào jìn
文。完成规定的课程后,学生需要进

xíng lùn wén yán jiū tā men zhǐ yǒu zài qǔ dé yí dìng de xué
行论文研究。他们只有在取得一定的学

fēn hòu cái néngwánchéng shuò shì kè chéng
分后才能完成硕士课程。

Doctoral degree programs can be completed in a minimum of 3 years after the master's degree has been attained. Students can only obtain a doctorate following recommendations from two associate professors or professors. A dissertation must be declared satisfactory for the doctoral degree to be attained.

bó shì xué wèi kè chéng   bó shì   kě yǐ zài shuò shì xué wèi huò dé hòu zhì shǎo   nián nèi wán chéng
博士学位课程（博士）可以在硕士学位获得后至少3年内完成。

shēn qǐng gōng dú bó shì xué wèi xū yào liǎng míng fù jiào shòu huò jiào shòu tuī jiàn   bó shì xué wèi lùn wén bì
申请攻读博士学位需要两名副教授或教授推荐。博士学位论文必

xū hé gé cái néng huò dé bó shì xué wèi   guó wù yuàn xué wèi wěi yuán huì shòu yǔ yǒu xué shù cái huá de xué
须合格才能获得博士学位。国务院学位委员会授予有学术才华的学

zhě róng yù bó shì xué wèi
者荣誉博士学位。

11.5 Chinese Government Scholarship (CGS)

CGS program is established by the Ministry of Education of P.R. China (hereinafter referred to as MOE) in accordance with educational exchange agreements or understandings reached between the Chinese government and governments of other countries, organizations, educational institutions and relevant international organizations to provide both full scholarships and partial scholarships to international students and scholars. MOE entrusts China Scholarship Council (hereinafter referred to as CSC) to manage the recruitment and carry out the routine management of CGS programs.

CGS consists of the full scholarship and the partial scholarship, and it is open to undergraduate and graduate students.

The full scholarship covers:

• Tuition fee

• Living allowance

• Accommodation (twin bed room for undergraduates and graduate students)

• Comprehensive medical insurance

zhōng guó zhèng fǔ liú xué jī jīn
中国政府留学基金

zhōng guó zhèng fǔ jiǎng xué jīn xiàng mù shì yóu zhōng huá rén mín gòng hé guó jiào yù bù   yǐ xià jiǎn
中国政府奖学金项目是由中华人民共和国教育部（以下简

chēng   jiào yù bù   gēn jù zhōng guó zhèng fǔ hé qí tā
称"教育部"）根据中国政府和其他

guó jiā zhèng fǔ   zǔ zhī   jiào yù jī gòu hé yǒu guān guó
国家政府、组织、教育机构和有关国

jì zǔ zhī dá chéng de jiào yù jiāo liú xié yì ér tí gōng
际组织达成的教育交流协议而提供

gěi guó jì xué sheng hé xué zhě de quán é jiǎng xué jīn hé
给国际学生和学者的全额奖学金和

bù fen jiǎng xué jīn   jiào yù bù wěi tuō zhōng guó liú xué
部分奖学金。教育部委托中国留学

jī jīn wěi   jiǎn chēng   liú xué jī jīn wěi   fù zé zhōng
基金委（简称"留学基金委"）负责中

guó zhèng fǔ jiǎng xué jīn xiàng mù dì zhāo shēng hé rì cháng
国政府奖学金项目的招生和日常

guǎn lǐ gōng zuò
管理工作。

xué hàn zì
学汉字
Character Learning

jiǎng xué jīn
奖学金 scholarship
jiào yù bù
教育部 the Ministry of
Education
zhōng guó liú xué jī jīn wěi
中国留学基金委
China Scholarship Council

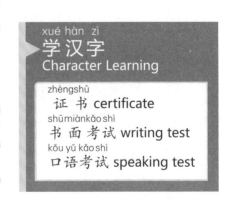

中国政府奖学金
来华留学管理信息系统

登录

邮箱/用户名

密码

验证码　　　　看不清？

忘记密码了？

登录

关于
版权所有．国家留学基金管理委员会
www.csc.edu.cn All Rights Reserved.
Copyright©1999-2008

联系我们
单位地址:北京市车公庄大街9号A3楼13层(100044)
如有任何意见与建议请写信至:
webmaster@csc.edu.cn

Application Platform of Chinese Government Scholarship

zhōng guó zhèng fǔ jiǎng xué jīn fēn wéi quán é jiǎng xué jīn hé bù fen jiǎng xué jīn duì běn kē shēng
中国政府奖学金分为全额奖学金和部分奖学金，对本科生
hé yán jiū shēng kāi fàng
和研究生开放。

quán é jiǎng xué jīn bāo kuò
全额奖学金包括：
xué fèi
• 学费
shēng huó bǔ tiē
• 生活补贴
zhù sù gěi běn kē shēng hé yán jiū shēng tí gōng biāo zhǔn jiān
• 住宿(给本科生和研究生提供标准间)
zōng hé yī liáo bǎo xiǎn
• 综合医疗保险

11.6 HSK

HSK is an examination to test foreigners on their learning of Chinese language, has won increasing popularity in recent years. It is the only Chinese language certificate accepted in Mainland China. It consists of a writing test and a speaking test. It certifies that the holder has the required Chinese proficiency to enter Chinese educational institutions as an undergraduate or postgraduate student, and can be exempt from studying Chinese courses at certain levels. Currently, there are 1,169 HSK test centers worldwide.

hàn yǔ shuǐ píng kǎo shì
汉语水平考试

hàn yǔ shuǐ píng kǎo shì shì yí xiàng duì wài
HSK(汉语水平考试)是一项对外
guó rén hàn yǔ xué xí de cè shì jìn nián lái yuè lái yuè shòu
国人汉语学习的测试，近年来越来越受
huān yíng zhè shì zhōng guó dà lù wéi yī jiē shòu de zhōng wén
欢迎。这是中国大陆唯一接受的中文

xué hàn zì
学汉字
Character Learning

zhèng shū
证书 certificate
shū miàn kǎo shì
书面考试 writing test
kǒu yǔ kǎo shì
口语考试 speaking test

zhèng shū　　tā bāo kuò shū miàn kǎo shì hé kǒu yǔ kǎo shì　　gāi zhèng shū zhèng míng shēn qǐng rén jù bèi jìn rù

证书。它包括书面考试和口语考试。该证书证明申请人具备进入

zhōng guó jiào yù　jǐ gòu jiù dú běn kē huò yán jiū shēng suǒ xū de hàn yǔ shuǐ píng　bìng kě miǎn xiū yí dìng jí

中国教育机构就读本科或研究生所需的汉语水平，并可免修一定级

bié de hàn yǔ kè chéng　 mù qián quán qiú gòng yǒu　　　　　gè hàn yǔ shuǐ píng kǎo shì diǎn

别的汉语课程。目前，全球共有1,169个汉语水平考试点。

"Chinese Bridge" is a contest for foreign college students on their mastery of the Chinese language, promoted by the Chinese National Hanban and established as a plan to introduce Chinese to the world. Since it was launched in 2002, more than 3,000 college students from over 110 countries throughout the world have participated in the competitions.

hàn yǔ qiáo　 shì zhēn duì gāo xiào liú xué shēng ér jǔ bàn de hàn yǔ néng lì de jìng sài　yóu zhōng guó guó

"汉语桥"是针对高校留学生而举办的汉语能力的竞赛，由中国国

jiā hàn bàn fā qǐ　 qí chuàng jiàn mù dì shì wèi le bǎ hàn yǔ jiè shào gěi shì jiè　 zì　　 nián qǐ dòng yǐ

家汉办发起，其创建目的是为了把汉语介绍给世界。自2002年启动以

lái　lái zì quán qiú　　 duō gè guó jiā de　　　　　　duō míng xuǎn shǒu yìng yāo lái huá cān jiā le hàn yǔ bǐ sài

来，来自全球110多个国家的3,000多名选手应邀来华参加了汉语比赛。

Additional Information

Experiencing Chinese Culture

Practicing Tai Chi

Taiji Quan (Tai Chi) is an ancient Chinese internal martial art system, which combines profound principles, theories and martial art techniques. Initially, it functioned as a unique self-defense technique. The slow, soft and continuously flowing movements appear mysterious on the surface. Taiji Quan practice requires a deep level of concentration and a focused mind, thus allowing the mind to lead and guide the body's energy. Nowadays you may find many people learning and practicing Tai Chi in the parks.

Practicing Chinese Calligraphy

Calligraphy is the quintessence of Chinese culture. It can be found everywhere in China, and is closely linked to daily life. Calligraphic works can decorate sitting rooms, studies and bedrooms. The Chinese characters are written on Xuan paper which is good at absorbing ink. The work will be pasted on a piece of thick paper with a silk edge, and then mounted on a scroll or put into a picture frame for hanging on a wall. Usually, the calligraphic work contains a poem, a pair of couplets or a motto the host likes very much. A calligraphic work can bring vitality to a white wall, pleasing to guests and friends.

To practice Chinese traditional calligraphy, you need to have the four treasures of the study, writing brush, ink stick, paper and inkstone.

Watching Peking Opera

Watching an authentic Peking Opera in China is a wonderful experience. Peking Opera is more than just music and singing; it also combines drama, dancing, martial arts and acrobatics, which makes it one of the most multifaceted theatrical forms in the world. In 2010 Peking Opera was declared Intangible Cultural Heritage of Humanity by the UNESCO.

体验中国文化

打太极

太极拳是中国古代的一种内功武术体系，它结合了深奥的原理、理论和武术技巧。最初，它是一种独特的自卫技术。缓慢、柔和、连续流动的动作在表面上显得神秘莫测。太极拳的练习需要高度专注和集中精神，从而允许思想引导身体的能量。现在你可以看到许多人在公园里打太极拳。

书法练习

书法是中国文化的精华。书法在中国几乎无处不在。它与日常生活紧密相连。书法作品是客厅、书房、卧室里的装饰物。它是写在吸水性很强的宣纸上，然后再装裱在周边饰有丝绢的厚纸上，做成挂轴，或放进镜框里，挂到墙上。书写的内容多半是室主人所喜爱的一首诗词、一副对联或一句格言。一幅书法能使白壁生辉、宾朋开颜。

练习中国传统书法，需要有文房四宝：笔、墨、纸、砚。

看京剧

在中国，看地道的京剧是一种美妙的体验。京剧不仅仅是音乐和歌唱，它还结合了戏剧、舞蹈、武术和杂技，使它成为世界上最多元化的戏剧形式之一。2010年，京剧被联合国教科文组织列为非物质文化遗产。

EXERCISES

I Fill in the blanks.

1. China has a _____-year compulsory education system.

2. After graduating from junior high school, students choose between senior high school and _____ school.

3. _____ is an academic examination held annually in China, and is considered the single most important exam in a student's entire life.

4. Higher education in China is very well developed and _____.

5. _____ was designated the Teacher's day in China.

6. _____ education in China is attained following two to three years of study after having obtained an undergraduate degree.

7. Doctoral degree programs can be completed in at least 3 years after the _____ _____ has been attained.

8. Students can only obtain a doctorate following _____ from 2 associate professors or professors.

9. The Chinese Government Scholarship consists of the full scholarships and the _____ scholarships.

10. _____ is the only Chinese language certificate accepted in Mainland China.

11. HSK certifies that the holder has the required Chinese _____ to enter Chinese educational institutions as an undergraduate or graduate student.

12. _____ is a contest for foreign college students on their mastery of the Chinese language, promoted by the Chinese National Hanban.

II Match the two columns.

1. 大学	A. bachelor
2. 学士	B. credit
3. 学分	C. university
4. 中国留学基金委	D. China Scholarship Council
5. 证书	E. writing test
6. 书面考试	F. thesis
7. 论文	G. certificate
8. 学位	H. degree

III Answer the following questions.

1. How can a student get a doctoral degree in China?

2. What is the role of Chinese Bridge?

3. Why do you learn Chinese?

Lesson 12
Chinese Cultural Customs

12.1 Brief Introduction to Chinese Cultural Customs

China is a large country with a time-honored history. Since the ancient times, the ancestors of the Chinese have labored, lived and multiplied on this vast land and have created splendid culture. As one of the four cradles of world's earliest civilizations, it has a recorded history of nearly 4,000 years. Throughout the history of Chinese civilization, China has yielded a rich cultural heritage and fine cultural traditions. The customs and traditions of its people vary by geography and ethnicity.

zhōng guó wén huà xí sú jiǎn jiè
中国文化习俗简介

zhōng guó shì yí gè yǒu zhe yōu jiǔ lì shǐ de dà guó zì
中国是一个有着悠久历史的大国。自

gǔ yǐ lái zhōng guó de xiān mín zài zhè piàn guǎng mào de tǔ dì
古以来，中国的先民在这片广袤的土地

xué hàn zì
学汉字
Character Learning

wénhuà
文化 culture
wénmíng
文明 civilization
chuántǒng
传统 tradition

shang láo dòng shēng huó fán yǎn chuàng zào le càn làn de wén huà zuò wéi shì jiè zuì zǎo wén míng de sì
上 劳 动 、生 活 、繁 衍 ， 创 造 了 灿 烂 的 文 化。作 为 世 界 最 早 文 明 的 四

dà fā xiáng dì zhī yī tā yǒu jìn nián de lì shǐ jì zǎi zài zhōng huá wén míng shǐ shang zhōng
大 发 祥 地 之 一 ，它 有 近 4,000 年 的 历 史 记 载。在 中 华 文 明 史 上 ， 中

guó yǒu zhe fēng fù de wén huà yí chǎn hé yōu xiù de wén huà chuán tǒng qí rén mín de xí sú hé chuán tǒng
国 有 着 丰 富 的 文 化 遗 产 和 优 秀 的 文 化 传 统，其 人 民 的 习 俗 和 传 统

yīn dì lǐ hé mín zú ér yì
因 地 理 和 民 族 而 异。

12.2 Greetings

In China, it's common to greet others with a handshake or a simple and kind salutation. Various forms of address are used according to circumstances. Generally, for Chinese people greetings should be in accord with conventions and care much about the personal favor of the people being addressed. You can call someone directly by putting his job title, professional or educational qualifications and professions before his surname or full name in the workplaces and on more formal occasions, like Professor Li, Lawyer Wang, Dr. Yang, Teacher Wang, Doctor Zhang.

dǎ zhāo hu
打 招 呼

zài zhōng guó wò shǒu huò jiǎn dān qīn qiè de wèn hòu shì yì zhǒng cháng jiàn de wèn hòu fāng shì gēn
在 中 国 ，握 手 或 简 单 亲 切 的 问 候 是 一 种 常 见 的 问 候 方 式。根

jù bù tóng de qíng kuàng shǐ yòng bù tóng de chēng hu yì bān qíng kuàng xià duì zhōng guó rén lái shuō dǎ
据 不 同 的 情 况 使 用 不 同 的 称 呼。一 般 情 况 下，对 中 国 人 来 说，打

zhāo hu xū yào fú hé xí guàn yě yào kǎo lǜ bèi chēng hu de rén de gè rén xǐ hào zài gōng zuò chǎng hé
招 呼 需 要 符 合 习 惯，也 要 考 虑 被 称 呼 的 人 的 个 人 喜 好。在 工 作 场 合

hé gèng zhèng shì de chǎng hé nǐ kě yǐ bǎ mǒu rén de zhí chēng xué wèi huò zhě zhí yè fàng zài tā de
和 更 正 式 的 场 合，你 可 以 把 某 人 的 职 称 、学 位 或 者 职 业 放 在 他 的

xìng huò quán míng zhī qián chēng hu tā rú lǐ jiào shòu wáng lǜ shī yáng bó shì wáng lǎo shī zhāng
姓 或 全 名 之 前 称 呼 他，如 李 教 授 、王 律 师 、杨 博 士 、王 老 师 、张

yī shēng
医 生 。

While in public places like companies, hotels, stores, restaurants, karaoke, bars and other places, Mr. or Ms. is widely used in front of their family name or full name. However, you can use a person's full name or family name when addressing acquaintances, good friends and colleagues, or only the surname proceeded by an informal title which indicates his age, such as Xiao Li, Lao Wang.

ér zài gōng sī jiǔ diàn shāng diàn cān tīng kǎ lā jiǔ bā děng gōng gòng chǎng suǒ xiān
而 在 公 司、酒 店、商 店、餐 厅、卡 拉 OK、酒 吧 等 公 共 场 所，" 先

sheng hé nǚ shì tōng cháng yòng zài xìng huò quán míng qián miàn dàn shì chēng hu shú rén hǎo péng you
生 " 和 " 女 士 " 通 常 用 在 姓 或 全 名 前 面。但 是，称 呼 熟 人、好 朋 友

hé tóng shì shí nǐ kě yǐ yòng tā de quán míng huò zhě zhǐ zài xìng de qián miàn jiā shàng yí gè fēi zhèng
和 同 事 时，你 可 以 用 他 的 全 名 ，或 者 只 在 姓 的 前 面 加 上 一 个 非 正

shì de tóu xián lái biǎo shì tā de nián líng rú xiǎo lǐ lǎo wáng
式 的 头 衔 来 表 示 他 的 年 龄，如 : 小 李 、老 王 。

When you meet someone for the first time, the most commonly-used words are: Hello/Hi, Glad to see you. / Nice to meet you, How do you do? For greeting acquaintances, the words will be more informal and friendly like the following: Long time no see! Have you had your meal? What are you busying doing these days? Where are you going? You are going to work?

dāng nǐ dì yī cì jiàn dào mǒu rén shí   zuì cháng yòng de wèn
当 你 第 一 次 见 到 某 人 时 ，最 常 用 的 问
hòu shì   nǐ hǎo   hěn gāoxìng jiàn dào nǐ   hěn gāoxìng jiàn dào nǐ
候 是 "你 好 ，很 高 兴 见 到 你 ！" "很 高 兴 见 到 你 ，
nǐ hǎo   yù jiàn shú rén shí   wèn hòu yǔ huì gèng jiā suí yì hé yǒu
你 好 ！" 遇 见 熟 人 时 ，问 候 语 会 更 加 随 意 和 友
hǎo rú   hǎo jiǔ bú jiàn   chī fàn le ma   zuì jìn zài
好 ，如 ："好 久 不 见 ！" "吃 饭 了 吗 ？" "最 近 在
máng xiē shén me   nǐ qù nǎ er   shàng bān qù ma
忙 些 什 么 ？" "你 去 哪 儿 ？" "上 班 去 吗 ？"

xué hàn zì
学汉字
Character Learning

dǎ zhāo hu
打 招 呼 greeting
wò shǒu
握 手 handshake
chēng hu
称 呼 address

12.3 Paying a Visit

Chinese people are hospitable. If you pay a visit to a friend or a family, you should make an appointment in advance and be punctual for it. The best time to visit a family is the period after noon or supper. It's polite to bring some gifts to the family. Chinese people usually bring fruits, candies or cookies, wines, cigarettes, teas, etc. If it's a special visit, it is smart to bring a gift for the hostess like a bouquet, cosmetics, or scarves. Toys, candies, books are good for the children if they have them. When you enter the house, it's wise to greet all people in the family no matter whether they are acquaintances or not. Usually you will be offered with tea, beverage, cigarette, fruits, candies and dim-sum. Generally you'd better not stay more than an hour unless being asked by the host to stay longer.

bài fǎng tā rén
拜访他人

zhōng guó rén hěn hào kè   rú guǒ nǐ qù bài fǎng péng you
中 国 人 很 好 客 。如 果 你 去 拜 访 朋 友
huò mǒu gè jiā tíng   yīng gāi tí qián dǎ zhāo hu bìng zhǔn shí dào
或 某 个 家 庭 ，应 该 提 前 打 招 呼 并 准 时 到
fǎng   zuì jiā bài fǎng shí jiān shì zài zhōng wǔ huò wǎn fàn hòu   chū
访 。最 佳 拜 访 时 间 是 在 中 午 或 晚 饭 后 。出
yú lǐ mào   rén men bài fǎng shí dōu huì dài xiē lǐ wù   tōng cháng
于 礼 貌 ，人 们 拜 访 时 都 会 带 些 礼 物 ，通 常
huì dài shuǐ guǒ   táng guǒ huò zhě gāo diǎn   jiǔ xiāng yān chá yè
会 带 水 果 、糖 果 或 者 糕 点 、酒 、香 烟 、茶 叶
děng   rú guǒ shì tè shū de bài fǎng   zuì hǎo gěi nǚ zhǔ rén dài
等 。如 果 是 特 殊 的 拜 访 ，最 好 给 女 主 人 带
xiē lǐ wù   bǐ rú huā shù   huà zhuāng pǐn huò wéi jīn   rú guǒ
些 礼 物 ，比 如 花 束 、化 妆 品 或 围 巾 。如 果

xué hàn zì
学汉字
Character Learning

hào kè de
好 客 的 hospitable
bài fǎng
拜 访 pay a visit
lǐ wù
礼 物 gift
zhǔ rén
主 人 host

yǒu hái zi kě yǐ gěi tā men dài wán jù táng guǒ shū jìn wū hòu wèn hòu jiā lǐ suǒ yǒu de rén bù
有孩子，可以给他们带玩具、糖果、书。进屋后，问候家里所有的人，不

guǎn shì bú shì xiāng shú zhǔ rén jiā tōng cháng huì gěi nǐ zhǔn bèi chá yǐn liào xiāng yān shuǐ guǒ táng guǒ
管是不是相熟。主人家通常会给你准备茶、饮料、香烟、水果、糖果

hé diǎn xin yì bān lái shuō bài fǎng de shí jiān bú yào chāo guò yí gè xiǎo shí chú fēi zhǔ rén yāo qiú nǐ
和点心。一般来说，拜访的时间不要超过一个小时，除非主人要求你

duō dāi yí huì er
多待一会儿。

12.4 Table Manners

China is a country of courtesy. According to the traditional Chinese etiquette, there are strict rules about people's daily life, like the way of walking, standing, the polite behaviors when meeting up with people, as well as the table manners. Chinese table manners are part of Chinese catering culture, and include a series of rules, such as the chopstick etiquette, how to order dishes, seating arrangements, and so forth. Here are some important tips for the table manners in China.

cānzhuō lǐ yí
餐桌礼仪

zhōng guó shì lǐ yí zhī bāng gēn jù zhōng guó chuán tǒng lǐ yí rén men de rì cháng shēng huó yǒu
中国是礼仪之邦。根据中国传统礼仪，人们的日常生活有

yán gé de guī zé rú zǒu lù de fāng shì zhàn lì yǔ rén jiàn miàn shí de lǐ mào xíng wéi yǐ jí cānzhuō
严格的规则，如走路的方式，站立，与人见面时的礼貌行为，以及餐桌

lǐ yí zhōng guó cānzhuō lǐ yí shì zhōng guó yǐn shí wén huà de yí bù fen bāo kuò yí xì liè de guī zé
礼仪。中国餐桌礼仪是中国饮食文化的一部分，包括一系列的规则，

rú kuài zi lǐ yí rú hé diǎn cài zuò wèi ān pái děng yǐ xià shì yì xiē guān yú zhōng guó cānzhuō lǐ yí
如筷子礼仪、如何点菜、座位安排等。以下是一些关于中国餐桌礼仪

de zhòng yào jiàn yì
的重要建议。

Be graceful and polite when taking food with chopsticks; Don't make much noise when eating or drinking soup; Don't talk when there is food in the mouth; Don't point someone with chopsticks or play with chopsticks; Don't insert chopsticks in the bowl with rice, as it indicates worshiping ancestors; To propose a toast, it is polite for you to stand up, and hold the glass with your two hands; If you want to offer a toast to the people in attendance one by one, make sure you know the order according to the age and status; When leaving the dinner, show your appreciation to the host and invite the host for a dinner. If you have to leave halfway, you should explain the situation and analogize to the host.

yòng kuài zi jiā shí wù shí yào yōu yǎ lǐ mào chī tāng huò hē tāng shí bú yào fā chū shēng yīn
用筷子夹食物时要优雅、礼貌；吃汤或喝汤时不要发出声音；

zuǐ li yǒu shí wù shí bú yào shuō huà bú yào yòng kuài zi zhǐ zhe bié rén huò wán kuài zi bú yào bǎ kuài
嘴里有食物时不要说话；不要用筷子指着别人或玩筷子；不要把筷

zi chā zài chéng mǐ fàn de wǎn lǐ yīn wèi zhè biǎo shì duì zǔ xiān de jì bài tí yì jìng jiǔ shí zhàn qǐ
子插在盛米饭的碗里，因为这表示对祖先的祭拜；提议敬酒时，站起

lái yòng shuāng shǒu pěng qǐ jiǔ bēi rú guǒ nǐ xiǎng zhú gè de gěi
来 用 双 手 捧 起 酒 杯；如 果 你 想 逐 个 地 给

zài chǎng de rén jìng jiǔ yào zhī dào gēn jù nián líng hé dì wèi de
在 场 的 人 敬 酒，要 知 道 根 据 年 龄 和 地 位 的

jìng jiǔ shùn xù lí kāi yàn huì shí xiàng zhǔ ren biǎo shì gǎn xiè
敬 酒 顺 序；离 开 宴 会 时，向 主 人 表 示 感 谢，

bìng yāo qǐng zhǔ rén yǐ hòu gòng cān rú guǒ nǐ bù dé bú zhōng tú
并 邀 请 主 人 以 后 共 餐。如 果 你 不 得 不 中 途

lí kāi nǐ yīng gāi jiě shì yí xià yuán yīn bìng xiàng zhǔ rén biǎo shì
离 开，你 应 该 解 释 一 下 原 因，并 向 主 人 表 示

qiàn yì
歉 意。

12.5 Spring Festival

Chinese New Year, also known as Spring Festival or Lunar New Year, is the grandest festival in China with a 7-day long holiday. As the most colorful annual event, the traditional Chinese New Year celebration lasts longer, up to two weeks, and the climax arrives around the Lunar New Year's Eve. China during this period is dominated by iconic red lanterns, loud fireworks, massive banquets and parades, and the festival even triggers exuberant celebrations across the globe. Like Christmas in Western countries, Chinese New Year is a time for people to be home with family, chatting, drinking, cooking, and enjoying a hearty meal together.

chūn jié
春节

zhōng guó xīn nián yě bèi chēng wéi chūn jié huò nóng lì xīn nián shì zhōng guó zuì shèng dà de jié
中 国 新 年，也 被 称 为 春 节 或 农 历 新 年，是 中 国 最 盛 大 的 节

rì yǒu tiān de jià qī zuò wéi zuì fēng fù duō cǎi de nián dù huó dòng chuán tǒng de chūn jié qìng zhù huó
日，有 7 天 的 假 期。作 为 最 丰 富 多 彩 的 年 度 活 动，传 统 的 春 节 庆 祝 活

dòng chí xù shí jiān gèng cháng cháng dá liǎng zhōu chú
动 持 续 时 间 更 长，长 达 两 周，除

xī zuǒ yòu shì gāo cháo zài zhè duàn shí jiān lǐ zhōng
夕 左 右 是 高 潮。在 这 段 时 间 里，中

guó dào chù dōu shì biāo zhì xìng de hóng dēng long xiǎng
国 到 处 都 是 标 志 性 的 红 灯 笼、响

liàng de yān huā shèng dà de yàn huì hé yóu xíng zhè
亮 的 烟 花、盛 大 的 宴 会 和 游 行，这

gè jié rì shèn zhì zài quán qiú yǐn fā le rè liè de qìng
个 节 日 甚 至 在 全 球 引 发 了 热 烈 的 庆

zhù huó dòng hé xī fāng guó jiā de shèng dàn jié yí
祝 活 动。和 西 方 国 家 的 圣 诞 节 一

yàng zhōng guó xīn nián shì rén men yǔ jiā rén tuán jù
样，中 国 新 年 是 人 们 与 家 人 团 聚、

liáo tiān hē jiǔ zuò fàn yì qǐ xiǎng shòu měi shí de
聊 天、喝 酒、做 饭，一 起 享 受 美 食 的

jiā jié
佳 节。

Decorating Home with "Fu" Character on Spring Festival

House cleaning and decorating (including pasting couplets) before the Chinese New Year→Family reunion dinner on New Year's Eve→Giving red envelopes; Sending New-Year-greetings and red envelopes through Wechat→Watching CCTV New Year's Gala from 20:00 to 0:30 on the New Year's Eve→Setting off firecrackers at 0:00 (Now it has been banned in urban areas to prevent accidents and threat to the air quality)→Half-month visiting relatives; Folk shows and temple fairs lasting to 15th day of the 1st lunar month.

yǐ xià shì xiàn dài zhōng guó rén qìng zhù xīn nián de xí sú　chūn jié qián kāi shǐ fáng wū dà sǎo chú
以下是现代中国人庆祝新年的习俗：春节前开始房屋大扫除
hé zhuāng shì hán tiē chūn lián　chú xī tuányuán fàn　fā yā suì qián　wēi xìn fā sòngwènhòu hé hóng
和装饰(含贴春联)→除夕团圆饭→发压岁钱；微信发送问候和红
bāo　chú xī yè cóng　　　　　dào cì rì　　　kànyāng shì chūnwǎn　　diǎn rán fàngbiān pào　wèi bǎo
包→除夕夜从20:00到次日0:30看央视春晚→0点燃放鞭炮(为保
hù kōng qì zhì liàng fáng zhǐ shì gù hé wēi xié xiàn zài shì qū yǐ jīng jìn zhǐ　chū yī dào shí wǔ gěi qīn
护空气质量,防止事故和威胁,现在市区已经禁止)→初一到十五给亲
pénghǎoyǒu āi jiā bài nián　chí xù bàn gè yuè zhī jiǔ de mín sú biǎoyǎn hé miào huì
朋好友挨家拜年；持续半个月之久的民俗表演和庙会。

It is undeniable that the CCTV New Year's Gala is China's most watched television special, despite the declining viewership in recent years. The 4.5-hour live broadcast features music, dance, comedy, opera, and acrobatic performances. Although the audience becomes more and more critical of the programs, Chinese people never stop turning on the TV on time. It's been a tradition ever since 1983 that the delightful songs and words act as a habitual background to a reunion dinner.

bù kě fǒu rèn　jǐn guǎn jìn nián lái shōu shì shuài bú duàn xià jiàng　yāng shì chūnwǎnréng shì zhōngguó
不可否认,尽管近年来收视率不断下降,央视春晚仍是中国
shōu shì shuài zuì gāo de diàn shì jié mù　　　　　xiǎo shí de
收视率最高的电视节目。4.5小时的
xiànchǎng zhí bō gè lèi jié mù　bāokuò yīn yuè　wǔ dǎo
现场直播各类节目,包括音乐、舞蹈、
xǐ jù　gē jù hé zá jì biǎoyǎn　suī rán guānzhòng duì
喜剧、歌剧和杂技表演。虽然观众对
jié mù yuè lái yuè tiāo ti　dàn zhè bìng bù fáng ài rén men
节目越来越挑剔,但这并不妨碍人们
zhǔn shí dǎ kāi diàn shì　zì　　　　　nián yǐ lái　zhè xiē
准时打开电视。自1983年以来,这些
lìng rén yú kuài de gē qǔ hé wén zì xí guàn de chéngwéi
令人愉快的歌曲和文字习惯地成为
le rénmennián yè fàn de bèi jǐng
了人们年夜饭的背景。

xué hàn zi
学汉字
Character Learning

chūnlián
春联 couplet
chūnwǎn
春晚 Spring Festival Gala
bài nián
拜年 pay a New Year visit
qīn qi
亲戚 relatives

After being at home on the first day of the Lunar New Year, people start a New Year visit to relatives from the second day. The married couples go to visit the wife's parents' home on the second day. The following days will be spent in various relatives' houses. People bring gifts to one another's homes and give red envelopes to the kids.

dà nián chū yī zài jiā li dāi le yì tiān zhī hòu　　rénmen cóng xīn nián de dì èr tiān kāi shǐ gěi qīn qi
大 年 初 一 在 家 里 待 了 一 天 之 后 , 人 们 从 新 年 的 第 二 天 开 始 给 亲 戚

bài nián　jié le hūn de fū qī dì èr tiān qù bài fǎng qī zi de fù mǔ　jiē xià lai de jǐ tiān jiāng zài gè
拜 年 。 结 了 婚 的 夫 妻 第 二 天 去 拜 访 妻 子 的 父 母 。 接 下 来 的 几 天 将 在 各

qīn qi jiā dù guò　　rénmen dài lǐ wù dào bié rén jiā li　gěi hái zi men fā hóngbāo
亲 戚 家 度 过 。 人 们 带 礼 物 到 别 人 家 里 , 给 孩 子 们 发 红 包 。

12.6 Qingming Festival

Qingming Festival (also known as Pure Brightness Festival or Tomb-sweeping Day), which falls on either April 4th or 5th, is one of the Chinese Twenty-four Solar Terms. From that date temperatures begin to rise and rainfall increases, indicating that it is the crucial time for plowing and sowing in the spring. The festival therefore has a close relationship with agriculture. However, it is not only a seasonal symbol; it is also a day of people's paying respect to the dead, having spring outings, and other activities.

qīngmíng jié
清 明 节

qīngmíng jié zài　yuè　rì huò　rì　shì zhōngguó de èr shí sì jié qi zhī yī　cóng zhè tiān qǐ
清 明 节 在 4 月 4 日 或 5 日 , 是 中 国 的 二 十 四 节 气 之 一 。 从 这 天 起 ,

qì wēn kāi shǐ shàngshēng　jiàng yǔ liàngzēng jiā　biǎomíng shì chūn tiāngēng zuò hé bō zhòng de guān jiàn shí
气 温 开 始 上 升 , 降 雨 量 增 加 , 表 明 是 春 天 耕 作 和 播 种 的 关 键 时

qī　yīn cǐ　zhè ge jié rì yǔ nóng yè yǒu zhe mì qiè de guān xi　rán ér　tā bù jǐn shì yí gè jì jié
期 , 因 此 , 这 个 节 日 与 农 业 有 着 密 切 的 关 系 。 然 而 , 它 不 仅 是 一 个 季 节

de xiàngzhēng　yě shì rénmen jì diàn sǐ zhě　chūnyóu hé jìn xíng qí tā huódòng de rì zi
的 象 征 , 也 是 人 们 祭 奠 死 者 、 春 游 和 进 行 其 他 活 动 的 日 子 。

Tomb sweeping is regarded as the most important custom in the Qingming Festival. Cleaning the tomb and paying respect to the dead with offerings are the two important parts of remembering the past relatives. Weeds around the tomb are cleared away and fresh soil is added to show care of the dead. The dead person's favorite food and wine are taken to sacrifice to them, along with paper resembling money. Kowtows are made before the tablets set up for the dead.

sǎo mù bèi rèn wéi shì qīngmíng jié zuì zhòng yào
扫 墓 被 认 为 是 清 明 节 最 重 要

de xí sú　sǎo mù hé jì diàn sǐ zhě shì jì niàn guò
的 习 俗 。 扫 墓 和 祭 奠 死 者 是 纪 念 过

qu qīn rén de liǎng jiàn zhòng yào shì qing　qīng chú fén
去 亲 人 的 两 件 重 要 事 情 。 清 除 坟

mù zhōu wéi de zá cǎo tiān jiā xīn tǔ　yǐ xiǎn shì duì
墓 周 围 的 杂 草 , 添 加 新 土 , 以 显 示 对

sǐ zhě de zhào gù　sǎo mù rén dài shàng sǐ zhě shēng
死 者 的 照 顾 。 扫 墓 人 带 上 死 者 生

qián zuì xǐ ài de shí wù hé jiǔ　yǐ jí zhǐqián yòng
前 最 喜 爱 的 食 物 和 酒 , 以 及 纸 钱 , 用

lái jì sì tā men　bìng zài mù bēiqián kē tóu
来 祭 祀 他 们 , 并 在 墓 碑 前 磕 头 。

xué hàn zì
学 汉字
Character Learning

qīngmíng jié
清 明 节 Qingming Festival/
Tomb-sweeping Day

èr shí sì jié qi
二十四节气 Chinese Twenty-
four Solar Terms

kē tóu
磕头 Kowtow

12.7 Dragon Boat Festival

Dragon Boat Festival, also called Duanwu Festival, is a traditional holiday observed annually over 2,000 years in China to commemorate Qu Yuan (340—278 BC), an ancient Chinese patriotic poet. Originated from south China, Dragon Boat Festival enjoys higher popularity in southern areas, such as Jiangsu, Zhejiang, Guangdong and Fujian provinces. It is celebrated on the 5th day of the 5th month of the traditional Chinese lunar calendar. There are many folk activities held during the festival like dragon-boat racing, hanging calamus and artemisia, etc.

端午节

端午节也叫龙舟节，是中国传统的节日，每年庆祝一次，已有2,000多年的历史，是为了纪念中国古代爱国诗人屈原（公元前340—公元前278年）。端午节起源于中国南方，在江苏、浙江、广东和福建等南方地区很盛行。端午节是传统农历五月初五。节日期间有许多民间活动，如赛龙舟、挂菖蒲和艾叶等。

Dragon boats are thus named because the fore and stern of the racing boat is in a shape of traditional Chinese dragon. A team of people works the oars in a bid to reach the destination before other teams. One team member sits at the front of the boat beating a drum in order to maintain morale and ensure that the rowers keep in time with one another.

Dragon-boat Racing

龙舟之所以得名，是因为比赛用的龙舟的船头和船尾都是中国传统龙的形状。一组人划着桨赶在其他队伍之前到达目的地。一名队员坐在船的前部敲鼓，以保持士气，并确保划手们的动作保持一致。

Zongzi

Zongzi is the most representative food of the Dragon Boat Festival. It's a kind of dumpling made of glutinous rice with leaves outside, meat, bean, nut and some ingredients inside. Different places have different flavors and different ingredients. Generally, Zongzi in southern China is salty ones with meat or egg, Zongzi in eastern China is sweet ones with beans while in north it could be the ones with red dates in it.

粽子是端午节最具代表性的食物。它是用糯米做成的，外面用叶子包裹，里面有肉、豆、坚果和一些配料。不同的地方有不同的风味和不同的成分。一般来说，中国南方的粽子是咸口的，馅料有肉或蛋；中国东部的粽子是甜口的，馅料会放各种豆，而在北方，粽子的馅料会放红枣。

学汉字
Character Learning

端午节 Dragon Boat Festival
龙 dragon
粽子 zongzi

12.8 Mid-Autumn Festival

Falling on the 15th day of the 8th month according to the Chinese lunar calendar, the Mid-Autumn Festival is the second grandest festival in China after the Chinese New Year. It takes its name from the fact that it is always celebrated in the middle of the autumn season. The day is also known as the Moon Festival, as at that time of the year the moon is at its roundest and brightest. The Mid-Autumn Day could be dated back to the beginning of the Tang dynasty, and became prevalent in the Song dynasty. It has taken form into a main festival when it came to the Ming and Qing dynasties. The festival represents the unity and leisure of the people, as well as the harvest of the nature.

中秋节

农历八月十五是中秋节，这是仅次于春节的第二大节日，由于这个节日在秋季的中期而得名。这一天也被称为月亮节，因为在一年的这个时候，月亮是最圆最亮的。中秋节可以追溯到唐朝初期，并在宋朝盛行。到了明清时期，它已经成为了一个主要的节日。这个节日代表着人们的团圆和休闲，以及大自然的丰收。

The Moon Cake is the special food of Mid-Autumn Festival. On that day, people sacrifice moon cakes to the moon as an offering and eat them for celebration. Moon cakes come in various flavors according to the region.

The moon cakes are round, symbolizing the reunion of a family, so it is easy to understand how the eating of moon cakes under the round moon can evoke longing for distant relatives and friends. Nowadays, people present moon cakes to relatives and friends to demonstrate that they wish them a long and happy life.

Mooncake

月饼是中秋节的特色食品。在这一天，人们把月饼作为祭品献给月亮，并通过吃月饼来庆祝。各地的月饼口味不同。月饼是圆的，象征着家庭团圆，所以很容易理解，在圆月下吃月饼能唤起对远方亲人和朋友的思念。现在，人们给亲戚和朋友送月饼，希望他们拥有长寿和幸福的生活。

Additional Information

Core Socialist Values

The Core Socialist Values is a set of new official interpretations of Chinese socialism promoted at the 18th National Congress of the Communist Party of China in 2012. The 12 values, written in 24 Chinese characters, are the national values of "prosperity", "democracy", "civility" and "harmony"; the social values of "freedom", "equality", "justice" and the "rule of law"; and the individual values of "patriotism", "dedication", "integrity" and "friendship".

The program called for the local governments to "organize moral education campaigns", and for media organizations to "practice self-discipline". In addition, artists were asked to promote the values, while party members and state officials are expected to put these new values in practice. It also called on schools to incorporate them, with the Ministry of Education issuing a document in 2014 requesting all educational institutions to promote them.

shè huì zhǔ yì hé xīn jià zhí guān
社会主义核心价值观

社会主义核心价值观是2012年党的十八大提出的一套新的中国社会主义官方解释。用24个汉字书写的12种价值观是"繁荣""民主""文明""和谐"的民族价值观;"自由""平等""正义""法治"的社会价值观和"爱国""敬业""诚信"和"友谊"的个人价值观。

该计划号召地方政府"组织道德教育运动",要求媒体机构"践行自律"。此外,也要求文艺界推广这些价值观,而党员和国家干部要将这些新价值观付诸实践。教育部在2014年发布了一份文件,要求所有教育机构将社会主义核心价值观融入到课程学习中。

EXERCISES

I Fill in the blanks.

1. During the _____, kids in a Chinese family will get New Year's money as gifts.

2. Nowadays, it's very popular for people in China to send New Year greetings and red envelopes through _____.

3. If you pay a visit to a Chinese friend or family, it's better to make an _____ _____ in advance and be _____, and it will be smart to bring some _____.

4. Chinese _____ are part of Chinese catering culture，including chopstick etiquette, seat arrangement, how to order dishes and so on.

5. _____ and _____ to the dead with offerings are the two important parts of Qingming Festival.

6. Dragon Boat Festival is celebrated on the _____ day of the _____ _____ month of the traditional Chinese lunar calendar.

7. _____ is the most representative food of the Dragon Boat Festival.

8. On the Mid-Autumn day, people sacrifice _____ to the moon as an offering and eat them for celebration.

9. Mid-Autumn day is also known as the _____ Festival, as at that time of the year the moon is at its roundest and brightest.

Ⅱ **Match the two columns.**

1. 打招呼	A. offer a toast
2. 春晚	B. chopsticks
3. 春联	C. kowtow
4. 筷子	D. Spring Festival Gala
5. 敬酒	E. dragon boat
6. 龙舟	F. greeting
7. 磕头	G. couplet

Ⅲ **Answer the following questions.**

1. How would you greet the acquaintances or friends in your country?

2. What are the activities to celebrate the Chinese New Year? How do you celebrate the grandest festival in your country?

3. What are the similarities and differences between the table manners of Chinese tradition and yours?